管理数字化与精益化
创新型人才培养系列教材

生产运作
管理

罗娟 宋卫 ● 主编　　蔡源 ● 副主编

人民邮电出版社

北 京

图书在版编目（CIP）数据

生产运作管理：慕课版 / 罗娟，宋卫主编. -- 北京：人民邮电出版社，2021.11
管理数字化与精益化创新型人才培养系列教材
ISBN 978-7-115-57134-2

Ⅰ. ①生… Ⅱ. ①罗… ②宋… Ⅲ. ①企业管理－生产管理－教材 Ⅳ. ①F273

中国版本图书馆CIP数据核字(2021)第162120号

内 容 提 要

本书基于互联网经济大背景下企业对精益管理人才的需求，以生产者需要具备的管理职能和岗位技能为线索进行编排，而且融入了课程改革的新成果。全书共分为 7 章，各章之间具备内在的逻辑关系，具体包括生产运作管理概论（生产与生产运作、生产运作类型、生产运作管理）、生产运作系统的设计（工艺与工艺准备、流水线、工作研究与工作设计、劳动定额的编制）、生产过程的组织（生产过程、生产过程的空间组织、生产过程的时间组织）、生产计划的编制（生产计划体系、生产能力、综合计划、主生产计划、物料需求计划、生产作业计划）、生产调度与控制（生产调度、生产进度控制、生产成本控制）、生产运作系统的管理与优化（现场管理与优化、库存管理与优化、质量管理与优化）以及制造模式的创新。

本书内容新颖，讲解透彻，在体例上设计了能力目标、知识目标、本章知识框架、导入案例、案例分析、拓展阅读、本章小结、课后练习等板块。本书既可以作为管理科学与工程等财经管理类专业生产运作管理课程的教材，也可以作为企业管理人员学习生产运作管理知识的参考书。

◆ 主　编　罗　娟　宋　卫
　　副主编　蔡　源
　　责任编辑　连震月
　　责任印制　王　郁　焦志炜
◆ 人民邮电出版社出版发行　　北京市丰台区成寿寺路 11 号
　　邮编　100164　　电子邮件　315@ptpress.com.cn
　　网址　https://www.ptpress.com.cn
　　固安县铭成印刷有限公司印刷
◆ 开本：787×1092　1/16
　　印张：12　　　　　　　　　　　2021 年 11 月第 1 版
　　字数：245 千字　　　　　　　2025 年 1 月河北第 5 次印刷

定价：42.00 元

读者服务热线：(010)81055256　印装质量热线：(010)81055316
反盗版热线：(010)81055315
广告经营许可证：京东市监广登字 20170147 号

序　言

　　大数据、人工智能、云计算、移动互联网、5G 等新一代信息技术的应用，加快了数字经济前进的步伐。李克强总理在 2020 年政府工作报告中明确提出，要发展工业互联网，推进智能制造。全面推进"互联网+"，打造数字经济新优势。数字经济概念的提出，演化出数字化产业和产业数字化两大领域。产业数字化，重点是管理数字化、精益化企业的打造，涉及企业管理理念、价值体系、商业模式、组织架构、管理方式的变革。近年来，企业对管理数字化、精益化创新型人才的需求呈快速上升趋势。为加大管理数字化、精益化创新型人才培养的力度，为广大院校工商管理类专业的人才培养提供优质的教学资源，常州信息职业技术学院联合人民邮电出版社、江苏龙城精锻有限公司等单位，共同策划了这套管理数字化与精益化创新型人才培养系列教材。

　　职业教育的定位是服务地方经济发展。常州信息职业技术学院秉承"立足信息产业，培育信息人才，服务信息社会"的办学理念，专注工业互联网，主攻新一代信息技术与制造业的深度融合，打造生产设备数字化、生产车间智能化、生产要素网络化、企业管理智慧化的工业新形态。经过多年的探索，常州信息职业技术学院已积累了服务江苏制造业高质量发展、服务长三角产业数字化协同转型升级、服务国家工业互联网高素质人才培养的丰富经验，并希望将多年积累的经验融入本系列教材之中，为广大教育工作者提供帮助和便利。

　　为了保证该系列教材的质量，特组建了由院校教师、出版社编辑、公司高层管理人员等组成的教材编写委员会（以下简称编委会）。编委会由宋卫担任总主编。管理数字化与精益化创新型人才培养系列教材编委会成员如下：

　　宋　卫，常州信息职业技术学院数字经济学院　院长

　　曾　斌，人民邮电出版社教育出版中心　总经理

　　王　玲，江苏龙城精锻有限公司　副总经理

　　王　鑫，青岛酒店管理职业技术学院　副校长

　　桂海进，无锡商业职业技术学院　副校长

　　权小研，山东商业职业技术学院工商管理系　主任

　　窦志铭，深圳职业技术学院经济管理学院　副院长

　　郑晓青，吉林工业职业技术学院经管学院　院长

　　施轶华，国机重工集团常林有限公司运营部部长、信息中心主任

　　刘　霞，常州信息职业技术学院数字经济学院　专业带头人

古显义，人民邮电出版社教育出版中心职业教育社科出版分社 副社长（主持工作）

文　瑛，常州信息职业技术学院数字经济学院 专业教研室主任

胡建中，科华控股股份有限公司 运营总监

程　熙，中车戚墅堰机车有限公司信息中心 主任

王　亮，福隆控股集团有限公司 信息总监

周　磊，常州金蝶软件有限公司 总经理

吴　进，常州璟岩信息技术有限公司 总经理

本次策划、出版的管理数字化与精益化创新型人才培养系列教材共有 11 本，分两个板块，其中精益化管理类教材有：

《中小企业精益管理》

《企业物流管理》

《生产运作管理》

《质量管理与六西格玛》

《采购管理与精益化》

《智慧供应链管理》

数字化管理即企业信息化（即两化融合）类教材有：

《ERP 原理与应用》

《协同管理与 OA 应用》

《生产控制与 MES 应用》

《ERP 项目与实施管理》

《企业经营数据分析》

管理数字化与精益化创新型人才培养系列教材编委会

2020 年 8 月

前　言

随着互联网经济的发展，制造型企业，尤其是中小制造型企业面临着越来越多的挑战，急需具备"精益求精"精神的生产管理人员，因此高校开始注重培养生产管理专业人才。本书按照企业生产管理中涉及的工作内容设计学习模块，着重培养读者在基层生产管理工作中应具备的管理职能与岗位技能。本书从"职教20条"精神出发，是工学结合教学改革和行动导向课程改革成果的体现。

本书以党的二十大精神为指引，以立德树人为根本任务，梳理并优化各模块知识点，以适应新一轮科技革命和产业变革对于生产管理人才的需求，从而培养造就大批德才兼备的高素质技术技能人才。

本书的编写特色

• 案例引导、学以致用：本书立足于企业生产管理岗位应具备的知识与能力，将案例引入教学，基于能力目标与知识目标开展学习任务，提供了丰富的案例与拓展阅读资料，让读者能够融会贯通，学以致用。

• 实用性强、逻辑清晰：本书注重工作原理、管理技能以及方法的适用性，并匹配相应的图表说明与实例分析，能够切实提高学生的技能水平；同时，本书从生产运作管理概论开始讲解，对生产运作系统的设计、生产过程的组织、生产计划的编制，到生产调度与控制、生产运作系统的管理与优化，最后到互联网经济下制造模式的创新，进行了介绍，内容丰富，逻辑清晰。

• 同步慕课，资源丰富：读者只需用手机扫描封面上的二维码，即可观看慕课视频，方便直观。同时，本书还提供了 PPT、教案、案例素材等多元化的学习资源，读者可登录人邮教育社区（www.ryjiaoyu.com）网站下载。

本书的编写组织

本书由罗娟、宋卫任主编，蔡源任副主编。本书涉及内容广泛，尽管在编写过程中力求准确、完善，但由于编者水平有限，书中难免存在疏漏与不足之处，恳请广大读者批评指正，在此深表谢意！

编者

2023 年 6 月

目　录

第1章
生产运作管理概论

能力目标

能够区分不同的生产运作类型。

能够掌握生产运作管理的内容与目标。

知识目标

了解生产与生产运作的概念。

理解制造型生产与服务型运作，流程型生产与加工装配型生产，备货型生产与订货型生产，大量生产、成批生产与单件生产等生产运作类型。

理解生产运作管理的含义。

本章知识框架

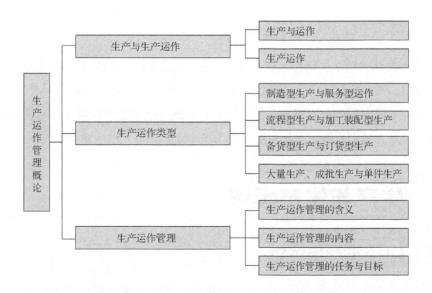

**导入案例**

爱华电子公司的烦恼

爱华电子公司主管生产的副总经理李先生正被瓦房店分厂的问题所困扰。爱华电子公司的总部设在大连市的经济技术开发区，生产的主要产品是与数据处理设备配套的专用电子部件。它有3个分厂：一分厂在金州；二分厂在松树镇；三分厂在瓦房店。三分厂生产前两个分厂的产品所需要的电器部件和印刷电路板。

瓦房店分厂生产的产品已成为一、二两个分厂激烈争夺的对象：每个分厂都想优先从瓦房店分厂得到自己所需的电器部件和印刷电路板。这些电子部件都是产品的关键组成部分，一旦供应不上，就会使分厂的生产线中断，生产计划被打乱。因此，为保证自己的需要，一、二分厂都会多报生产需要量，而且都想尽快地得到上报的产品。而每年最大的争端是在费用的分摊上。金州分厂和松树镇分厂都独立生产产品，因此都实行了经济承包责任制。员工的提成和奖金是与利润挂钩的。瓦房店分厂不生产最终产品，只计算成本，没有利润任务，故没有实行与利润挂钩的经济承包责任制。由于产品中的材料成本占的比重很大，所以每个分厂都想压低零部件的转移成本。一到分摊瓦房店分厂的间接费用时，两厂就互相推脱，都想尽量分给对方。每次开成本会时，与会者的讨论几乎达到白热化。

这些年，瓦房店分厂的老厂长和一些老技术人员把工厂管理得平稳而有秩序，但大部分人都快退休了，而一些能干的年轻干部不愿意到瓦房店分厂去。李先生也曾想过关闭瓦房店分厂，将零部件生产工作划给两个产品分厂，但是这样做会损失规模经济效益，而且会削弱公司在这方面的技术力量。

试分析：

（1）如何才能更好地组织生产，帮助李先生处理瓦房店分厂和其他两个分厂之间的矛盾呢？

（2）公司需要加强哪些方面的管理工作？

生产是人类社会赖以生存和发展的基本活动，是创造人类社会财富的源泉和社会经济发展的原动力。任何社会经济组织都面临着"为谁生产、生产什么和如何生产"3个基本问题。生产运作则是企业的一项最基本的活动，企业通过生产运作来实现为社会创造和提供所需产品与服务的基本职能。因此，生产运作是企业生存与发展的重要基础。

1.1 生产与生产运作

▶▶▶ 1.1.1 生产与运作

生产与运作的实质是生产活动，经济学家将社会的发展分成前工业社会、工业社会和后工业社会 3 个阶段。在前工业社会，人们主要从事农业和采掘业，以家庭为基本单位进行生产。在工业社会，人们主要利用机器和动力，以工厂为单位进行生产，劳动生产率大幅提高，人们将有形产品的制造称为"生产"（Production）。在后工业社会，服务业成为比重最大的产业，人们将无形服务的提供称为"运作"（Operation）。

>>> 1.1.2 生产运作

1. 生产运作的概念

由于社会的不断进步，服务业开始借鉴制造业的生产管理方式，制造业也开始融入服务意识。因此，人们一般将有形产品的"生产"和无形服务的"运作"统称为"生产运作"，将其都看作为社会创造财富的过程。

随着生产运作概念的演变与发展，生产运作可以定义为一切社会组织将其输入转化为输出的过程，即一个投入一定资源，经过转化使其价值增加，最后以某种形式的产出供给社会的过程。这个定义有 4 层含义：其一，生产运作是一切社会组织都要从事的基本活动；其二，生产运作是一种转换过程，通过转化，有形或无形的输入转化为有形或无形的输出；其三，输出对人们是有价值的，是人们所需要的；其四，整个过程应该是一个增值的过程。

2. 生产运作系统的构成

生产运作系统（Production and Operation Management System，POMS）是一个投入—转换—产出系统，其职能就是将一系列投入转换为社会和顾客所需要的产出，是生产过程与管理过程有机结合的体现。

对于制造型企业而言，生产运作主要包括原料的采购（运输与储存）、生产前的准备（产品设计与工艺设计）、毛坯的制造、零配件的加工与热处理、产品的装配、检验调试、包装等环节。因此，生产运作过程可以被看作投入生产要素，经过转换后产出产品的过程，这个转换过程构成了生产运作系统，如图 1-1 所示。

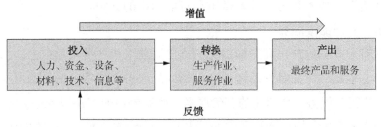

图 1-1　生产运作系统

生产运作系统有狭义和广义之分。狭义的生产运作系统，也称为制造系统，是指直接进行产品的生产加工或提供服务的过程，其工作直接决定着产品或服务产出的类型、数量、质量等要素。广义的生产运作系统包括制造系统、研究开发系统、生产运作的计划与控制系统、生产运作的供应与保证系统等。

由图 1-1 可知，生产运作系统由投入、转换、产出和反馈 4 个基本环节构成。

（1）投入——资源要素

投入的资源要素一般包括人、财、物、技术、信息等几个方面。其中，人指人力，即具有一定智力和体力的劳动者，这是生产运作的第一要素，是生产运作的主体。人力以其数量多少、素质高低以及比例是否协调等影响着生产运作管理的效率。财指财力，即资金，它主要从数量、构成、周转速度等方面影响着生产运作活动。物指物力，即劳动手段和劳动对象。劳动手段是劳动者在转换过程中用于直接或间接地改变或影响劳动对象的物质技术基础。劳动对象既制约着输出的规模，又制约着产品的品种、质量和成本。技术指技术文件、图纸等，而信息包括市场需求、制度、计划、规程等。技术和信息被认为是生产运作系统的"神经中枢"，它们既是管理的依据，又是管理的手段。

（2）转换——变换过程

变换过程，也称为劳动过程。它包括两个过程：物质转化过程和管理过程。前者使物质资源转化为产品，而后者使上述物质转化过程得以实现。

转换包括以下几种形式。

① 形态变化。有形的原料和无形的信息在形状和性质上发生改变。例如，手机制造厂主要采用物理转换，化工厂主要采用化学转换。

② 时间转化。对物品进行一定时间的储存以谋求其价值上的变化，也称为时间效用。

③ 空间转换。通过输送、流通使物品的地点发生改变以谋求其价值上的改变，也称为地点效用。例如，物流公司运送货物，航空公司运载乘客，都主要涉及空间转换。

人们通常将有形产品的变换过程称为生产过程，而将无形产品的变换过程称为服务过程，也称为运作过程。由于变换过程既是产品的形成过程，也是人力、物力、财力等资源的消耗过程，因此，企业必须采用更经济合理的方式，对所生产的产品的品种、数量、质量、交货期、成本等各项因素做出尽可能周密的计划。

（3）产出——产品或服务

产出包括有形产品的产出和无形服务的产出。前者指各种物质产品，如化工产品、电视机、汽车、食品、药品等；后者指各种形式的服务，如银行的金融服务、邮局的邮递服务、医院的医疗服务、仓储业的存储服务、旅游公司的旅游服务等。需要强调的是，在现代社会中，随着社会的进步和顾客心理及行为的日益成熟，产品的内涵进一步扩大，它应该包括所有能使顾客感到满意的功能，是产品功能、质量、价格、交货期、售后服务及信誉等的总和。从这个意义上讲，企业必须从上述各方面出发，努力使顾客感到满意，才能真正实现预期的生产运作价值。

有形产品与无形服务界限模糊

随着市场竞争越来越激烈，顾客的需求越来越多样化，任何一家企业都不能再单纯地提供有形产品或无形服务，而必须同时提供优质的有形产品与无形服务，才能在竞争中获胜。事实上，产品和服务存在着一个由有形到无形的连续闭环。从无形性这一角度来说，并不存在有形产品与无形服务之间的明显界限，这就使得有形产品与无形服务之间的界限越来越模糊了。而网络经济时代的来临，更使得企业之间、企业与顾客之间联系紧密，产品只是一个待发生的服务，而服务则是实现过程中的产品。

（4）反馈

生产运作系统的反馈环节执行的是控制职能，即收集生产运作系统的产出信息，并与投入的计划、标准等信息进行比较，发现差异并分析差异出现的原因，从而采取针对性的措施来消除差异。

生产运作系统除了上述4个基本环节之外，还体现为价值增值过程，即将低价值体的生产要素集成转换为高价值体的产出。转换过程中发生的价值增值反映了投入成本与产出价值或价格之间存在的差异。产出的价值由顾客愿意为该企业的产品或服务所支付的价格来衡量，增值越多，说明其生产运作效率越高。通过"价值增值过程"获取利润，是生产运作系统的根本目的。

综上所述，生产运作系统本质上是一个"投入—转换—产出"的过程，即投入一定的生产要素，经过一系列、多形式的转换，使其价值增值，最后以某种形式的产出供给社会的过程。对于制造型企业与服务型企业而言，尽管它们在很多方面区别很大，但将这两类企业的生产运作方式的特征加以归纳，我们可以发现两者的转换过程相似。表1-1所示为几类典型组织的生产运作转换分析。

表1-1　几类典型组织的生产运作转换分析

生产运作系统	投入	转换	产出
手机装配厂	工人、厂房、部件、机器人	焊接、装配	手机
饭店	服务员、厨师、店面、食材	服务	顾客满意
大学	教师、教学设备、教材	授课、科研	专业人才
医院	医护人员、病床、设备、药物	诊断、治疗	康复的人
物流公司	配货员、交通工具、设备、产地物资	理货、运输	销地物资

在生产运作系统中，一般包含4种流：一是物质流，它是由企业的原材料、在制品、产成品、废品等在生产运作系统的各环节中流动而形成的，是一个实物的流动过程；二是资金流，它是伴随物质流发生的各项资金的流动；三是工作流，它是指各项管理活动

的工作流程，如企业销售产品时所进行的发货、登记、开票、收款等流程；四是信息流，它伴随着上述各种流而发生，既是上述各种流的表现和描述，又是控制、掌握、指挥上述各种流运行的软资源，如企业的统计数据、财务报告、生产计划等。上述 4 种流紧密结合形成一个有机的生产运作系统。

1.2　生产运作类型

生产运作类型是影响生产过程的组织的主要因素，生产运作管理学的一项重要任务便是从种类繁多的行业中，分析研究其生产过程的组织的不同特点，探索它们的规律。因此，生产运作从不同的角度，按照不同的标志，可以划分为不同的类型，具体如下。

>>> 1.2.1　制造型生产与服务型运作

按生产性质划分，生产运作可分为制造型生产与服务型运作两大类。

1. 制造型生产

制造型生产是通过物理和（或）化学过程，将输入的生产要素转化为输出的有形产品过程。例如，计算机、汽车、食品、药物、塑料等的生产，就是通过锯、切削加工、装配、焊接、弯曲、裂解、合成等物理或化学过程，将有形原材料转化为有形产品的过程，属于制造型生产。

对于制造型企业而言，生产运作系统的功能已经拓展到前端的战略制定、资源供应等环节，同时也拓展到了后端的产品销售和售后服务等方面。

2. 服务型运作

服务型运作又称非制造型生产运作，它的基本特征是提供劳务，而不制造有形产品。但是，不制造有形产品不等于不提供有形产品。制造型生产与服务型运作的区别如表 1-2 所示。

表 1-2　制造型生产与服务型运作的区别

比较项目	制造型生产	服务型运作
产品	有形	无形
产出存储性	可存储	不可存储
产业性质	资金密集	劳动密集
顾客参与度	低	高
质量度量	可计量	难以计量

（1）按服务业的性质不同，服务型运作可分为以下 5 类。

① 业务服务：咨询、财务金融、银行、房地产等。

② 贸易服务：零售、维修等。

③ 基础设施服务：交通运输、通信等。

④ 公共服务：教育、公共事业、政府等。

⑤ 社会服务：餐馆、旅店、保健等。

（2）按与顾客直接接触的程度，服务型运作可以分为纯服务型、混合型、准制造型3类，如图1-2所示。

① 纯服务型：与顾客直接打交道，如酒店客房服务、保险推销、门诊等。

② 混合型：介于纯服务型与准制造型之间，实际工作中往往将其视为纯服务型进行管理。

③ 准制造型：不接触顾客，仅提供信息处理等劳务服务。

图1-2　按与顾客直接接触的程度划分的服务型运作

▶▶▶ 1.2.2　流程型生产与加工装配型生产

按生产工艺特性划分，生产运作可分为流程型生产与加工装配型生产两大类。

1. 流程型生产

流程型生产是指物料均匀、连续地按一定的工艺顺序运动，在运动中不断改变形态和性能，最后完成产品的生产。流程型生产又称为连续型生产，生产的产品、工艺和设备均是固定化的、标准化的，工序之间一般没有在制品库存，如食品、药物、造纸、钢铁、化工、冶金等行业都属于流程型生产。

流程型生产的特点是工艺流程是连续进行的，不能中断，因此自动化程度较高，工序之间一般没有在制品库存；工艺流程的加工顺序是固定不变的，生产设施按照工艺流程布置，劳动对象按照固定的工艺流程连续不断地通过一系列设备和装置被加工处理成为成品，因此设备布置的柔性较低。

2. 加工装配型生产

加工装配型生产是指运用物理机械，对离散的物料按一定的工艺顺序加工，在加工过程中不断改变物料的形态和性能，最后完成产品的生产。加工装配型生产又称为离散型生产，产品由零散的零部件装配而成，工序之间会存在一定的在制品库存，如机械制造、电子产品制造、汽车制造等都属于加工装配型生产。

加工装配型生产的特点是它的产品由零散的零部件装配而成，各零部件的加工过程相对独立，所以整个产品的生产工艺是离散的；制成的零部件通过部件装配和总装形成成品，因此自动化程度较低；这类生产工艺较为复杂，生产设备与运输装置需要满足各类产品的加工需要，因此设备布置的柔性较高；生产运作管理工作因为涉及多个生产部门、多种设备和工艺的相互协调和配合而变得更加复杂。

流程型生产与加工装配型生产的特点比较如表 1-3 所示。

表 1-3 流程型生产与加工装配型生产的特点比较

比较项目	流程型生产	加工装配型生产
顾客数量	较少	较多
产品品种	较少	较多
产品差别	较多标准化产品	较多顾客定制化产品
营销特点	产品的可靠性与价格	产品的特点
要素密集	资本密集	劳动力、原材料密集
自动化程度	较高	较低
生产能力	明确规定	较模糊
增强生产能力的周期	较长	较短
设备布置的性质	流水线生产	批量或流水线生产
设备布置的柔性	较低	较高
设备可靠性要求	较高	较低
维修的性质	停产检修	局部修理
原材料品种数	较少	较多
能源消耗	较高	较低
在制品库存水平	较低	较高
副产品	较多	较少

>>> 1.2.3 备货型生产与订货型生产

按企业组织生产特点划分，生产运作可分为备货型生产（Make-to-Stock，MTS）和订货型生产（Make-to-Order，MTO）两类。

1. MTS

MTS 是预测驱动的，是指在没有接到顾客订单时，在对市场需求量进行预测的基础上，按照已有的产品标准或产品系列进行的生产。生产的目的在于补充产成品库存，通过维持一定数量的产成品库存来满足顾客的即时需要。例如，轴承、紧固件、螺丝等基础原料，水泥、煤炭等流程型生产的产品，这类产品的标准化程度高，零部件的通用性强，通常采用 MTS，且多采用专业化设备。

MTS 的特点是为防止库存积压和脱销，生产管理的重点是抓供、产、销之间的衔接，按"量"平衡生产过程的各个环节，保证全面完成计划任务。其优点是能够及时满足顾客共同的需求，有利于企业生产计划的顺利执行，且通常是标准化地、大批量地进行轮番生产，生产效率也比较高；缺点是顾客定制化程度很低，尤其是当不确定因素增多时，往往导致企业的产品短缺和库存积压并存。

2. MTO

MTO 是指以顾客提出的订单为依据，按照顾客的特定要求来组织生产。这种生产类型主要强调特定的规格、质量及严格的交货期。

MTO 的特点是由于顾客需求的多样化，企业生产出来的产成品在品种规格、质量和交货期等方面各不相同，并按合同规定按时向顾客交货，成品库存较少，多采用通用设备，工人需具备多种操作技能。其生产管理的重点是抓"交货期"，按"期"组织生产过程，保证各个环节的衔接顺畅，从而如期交货。

MTO 还可以按为顾客定制的制造阶段进一步分为订货组装、工程生产和订货制造 3 种类型。订货组装是根据现有库存、组件按顾客的订货要求进行选择组装，主要安排总装计划，控制产品的产出进度。工程生产是企业在接到顾客订单后，按顾客的订货要求进行专门设计和组织生产，整个过程的管理按工程管理的方法进行。家庭装修是工程生产的典型例子。订货制造是按顾客的要求进行制造。由于产品是预先设计好的，其生产准备工作包括原材料采购和外协件的加工，企业可以根据市场预测按计划提前进行。这样，产品的生产期限基本上等于生产周期，有利于缩短交货期。

MTS 与 MTO 的区别如表 1-4 所示。

表 1-4　MTS 与 MTO 的区别

比较项目	MTS	MTO
产品	标准产品	按顾客要求生产，无标准产品，有大量的变形产品和新产品
对产品的需求	可以预测	难以预测
价格	事先确定	难以确定
交货期	不重要，由成品库存随时供货	很重要，订货时确定
设备	采用专业化设备	多采用通用设备
人员	专业化人员	多技能人员

总体而言，MTS 和 MTO 是两种典型的组织生产方式，它们都有各自的优点和缺点。一般而言，MTS 的产品标准化程度高，生产效率高，顾客订货提前期短，但库存水平高，且难以满足顾客的个性化需求；MTO 的产品标准化程度低，生产效率低，顾客订货提前期长，但库存水平低，对顾客的个性化需求的满足程度高。为了改善各自的缺点，我们可以将 MTS 和 MTO 组合成各种不同的生产方式，这种组合的关键在于确定两种方式的分离点，简称"备货订货分离点"（Customer Order Decoupling Point，CODP）。CODP 的

上游是 MTS，是由预测和计划驱动的；CODP 的下游是 MTO，是由订单驱动的。

▶▶▶ 1.2.4 大量生产、成批生产与单件生产

工作地的专业化程度对生产运作系统设计和运行管理的影响较大，按工作地的专业化程度划分，生产运作可分为大量生产（Mass Production）、成批生产（Batch Production）和单件生产（Simplex Production）3 种类型。

1. 大量生产

大量生产的产品品种单一，且每种产品的产量大，企业会在较长时间内生产一种或少数几种相类似的产品，这类产品的生产专业化程度和生产重复程度较高。大量生产的产品是标准的，其需求主要靠预测、订单，直接面向顾客的产品大都属于这种类型，一般这种产品在一定时期内具有相对稳定且较高的需求量。大量生产类型需要采用高效的专用设备和专用工艺装备，采用生产线和流水线的生产组织形式，具有较高的自动化水平，生产节奏是稳定的、均衡的，工人也易于掌握操作技术，能迅速提高熟练程度。但它也存在着投资大（专用工具和专用机械设备的配备），适应性和灵活性差等缺点，这会给产品更新换代带来巨大的阻力。

2. 成批生产

成批生产的产品品种较多，每种产品都有一定的生产重复性，但每种产品的产量较少，各种产品在计划期内成批轮番生产。由生产一批产品转换为生产另一批产品时，工作地的设备和相应的辅助工具均要调整，这需要花费一定的时间。每批产品的数量越少，调整的次数就越多，反之调整的次数则越少，大多数工作地要负担较多工序。因此，在生产过程中，生产管理的重点是合理地确定批量，组织好多品种的轮番生产。

3. 单件生产

单件生产的产品品种繁多，每种产品生产的数量甚少，基本上是一次性需求的专用产品，生产重复程度和生产专业化程度低。产品较为复杂，生产周期一般很长，都是按项目进行跟踪管理的，如立交桥的建设，重型机械、飞机的加工制造。采用单件小批生产时，由于作业现场不断变换生产对象，生产设备和工艺装备必须采用通用性强的，并按机群式布置，工作地的专业化程度很低，因此生产能力利用率低（人和设备闲置等待），生产稳定性差，生产成本高，生产计划和生产过程的控制比较复杂。因此，采用此类生产运作类型的企业应该做好作业准备、作业分配、作业进度计划和进度调整等工作。

单件生产类型还可以按产品的复杂程度进一步分类，分为简单单件生产与复杂单件生产两种类型。简单单件生产包括轻工产品（服装、配饰等）等的制造。复杂单件生产

包括重型机械、船舶、电站设备等结构复杂的大型产品与建筑工程等的制造，但其行业分布面较窄，企业数量较少。

大量生产、成批生产与单件生产的区别，如表 1-5 所示。

表 1-5　大量生产、成批生产与单件生产的区别

比较项目	大量生产	成批生产	单件生产
产品品种	单一	较多	很多
产品产量	很大	较大	单个或较少
工作地的专业化程度和生产重复程度	高	中	低
设备类型	专用设备	专用设备与通用设备并存	通用设备
设备布置	对象专业化、流水线、自动线布置	混合原则	工艺专业化、机群式布置
设备利用率	高	较高	低
劳动分工	细	中	粗
劳动生产率	高	中	低
工人技术水平	低	中	高
计划管理工作	简单	较复杂	复杂多变
产品成本	低	中	高
适应品种变化能力	差	中	强

由表 1-5 可知，若经常重复生产同一品种的产品，则工作地的专业化程度就高；若产品的品种较多，每种产品的产量较少，生产重复程度自然较低，并且工作地的专业化程度也低。结合这些知识，我们以机械行业为例来说明生产运作类型的分类，根据行业经验，一般可以按零件大小、产量与工作地承担的工序数区分生产类型，如表 1-6 和表 1-7 所示。

表 1-6　按零件大小和产量区分生产类型

生产类型		零件的年产量/件		
		重型零件	中型零件	轻型零件
单件生产		<5	<10	<100
成批生产	小批生产	5～100	10～200	100～500
	中批生产	100～300	200～500	500～5 000
	大批生产	300～1 000	500～5 000	5 000～50 000
大量生产		>1 000	>5 000	>50 000

表 1-7　按工作地承担的工序数区分生产类型

生产类型		工作地承担的工序数/个
大量生产		1～2
成批生产	小批生产	20～40
	中批生产	10～20
	大批生产	2～10
单件生产		40 以上

在实际生产中，单纯的大量生产和单纯的单件生产都比较少，成批生产的范围很广。由于大批生产的特点和大量生产的特点相近，所以我们习惯将其合称为大量大批生产；同样，小批生产的特点与单件生产的特点相近，所以我们习惯将其合称为单件小批生产；另外，随着科学技术的进步，人们的消费观念在潜移默化地发生着改变，需求越来越趋于多样化，从而直接导致产品的生产周期缩短，进而导致很多企业生产的产品品种繁多，批量大小差别较大，我们习惯将其称为多品种中小批生产。因此，有时我们也可以将生产运作类型划分为大量大批生产、单件小批生产和多品种中小批生产 3 种。

值得注意的是，市场需求呈现多样化，而企业为了满足多样化需求所采用的单件小批生产的生产效率很低，这种矛盾是现阶段一直存在的问题。那么，如何提高单件小批生产的效率呢？改善途径包括以下几个方面。

一是开展专业化协作。在全面规划、统筹安排的原则下，企业应积极发展工业生产的专业化协作，包括零部件专业化、产品专业化、工艺专业化、辅助生产专业化等，以期有效减少重复生产，增加同类型产品的产量，简化企业的生产结构和提高专业化生产水平。

二是减少零部件变化。首先，在产品设计方面，企业应进行产品结构分析，改进产品设计，推行"三化"，即产品的系列化、零部件的标准化和通用化。企业通过推行产品的系列化可以减少产品的品种数，从而使零部件数减少。其次，在生产组织环节，企业应推行成组技术。成组技术是指利用零部件的形状、结构和加工工艺的相似性，按相应的标准对零部件进行分类编码，再利用成组工艺对同类型的零部件进行集中加工。同时，企业还需要增加必要的设备和工人，以期减少每个工作地承担的工序数。

拓展阅读 ◀

成组生产

成组生产是多品种中小批生产的一种科学的生产组织形式。它是以零部件结构、形状和工艺上的相似性等标准，把所有的产品零部件分组，并以组为对象组织和管理生产的方法。它把众多局部相似的事物集中起来进行统一处理，以达到减少重复劳动、节省人力和时间、提高工作效率的目的。

成组生产的基本思想是用大量大批生产的生产技术和专业化方法进行多品种中小批生产。零部件分组减少了每个工作地加工的零部件种类，扩大了零部件生产批量，提高了专业化程度。单件小批生产企业也能够采用先进的工艺方法、高效率的自动机床和数控机床（Numerical Control，NC）。机床可以成组布置，使用成组夹具，各组零部件都在各自的成组生产单元和成组流水线内利用成组工艺进行加工。这样有利于生产管理和提高经济效益，使复杂的单件小批生产实现简单化、专业化、标准化。

三是提高生产系统的柔性。企业可以提高生产系统的柔性，从而满足不同的产品和零部件的加工要求，并且缩短加工转换的时间间隔。企业常用的方式是采用数控机床、柔性制造系统（Flexible Manufacture System，FMS）、单元生产方式、成组技术等，并且运用企业资源计划（Enterprise Resource Planning，ERP）系统、制造执行系统（Manufacturing Execution System，MES）等使生产运作环节的信息互通共享，在满足顾客多样化需求的同时提高效率。

拓展阅读

单元生产方式

单元生产方式，日本称其为细胞生产（Cell Manufacturing）方式，能有效地解决多品种中小批生产存在的诸多问题，如效率较低、柔性较低、在制品库存水平较高、交货期较长、质量较差、成本较高等。但是这种生产方式并不一定适合所有企业。目前，电子类装配企业，如佳能、索尼、日电、戴尔等，实施单元生产方式的效果比较好。

1.3 生产运作管理

生产运作管理作为企业管理的基本职能之一，同时也是企业竞争力的源泉。随着科学技术，尤其是信息技术及经济全球化的飞速发展，顾客需求呈现多样化趋势，市场竞争也日趋激烈，生产运作管理的重要性日益凸显。

1.3.1 生产运作管理的含义

生产运作管理是对企业生产运作系统的计划、组织、控制、更新等一系列管理工作的总称。它也是企业为了实现经营目标，提高经济效益，将各类生产要素有效结合起来，运用最经济的生产方式生产出满足社会需要、市场需求的产品或服务的过程。

良好的生产运作管理是一个企业成功运营的基本条件，可以提高生产率，提高企业响应市场变化的速度。顾客往往根据产品的款式、质量、数量、价格、服务和交货期等来衡量企业生产运作的好坏，所以企业要重视生产运作管理。

1. 生产运作管理是企业管理的基本职能之一

任何企业都具有 3 项基本职能，即生产运作、财务、营销。企业将大部分人力、物力和财力都投入生产活动中，以制造社会需要的产品或提供顾客需要的服务。在企业资金运作链上，生产运作把现金变成储备资金，再变成生产资金，最后转换为成品资金。财务是企业进行资金筹措、运用和核算的基本过程。营销则负责开拓市场与销售产品，发现与发掘顾客的需求，将成品资金转换成现金。营销是先导，财务是保证，生产运作是基础，三者相互依存，相互促进，共同发展，企业基本职能的关系如图 1-3 所示。

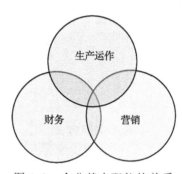

图 1-3　企业基本职能的关系

2. 生产运作管理是企业竞争力的源泉

在市场经济条件下，企业竞争力的强弱很大程度上体现在产品的质量、价格和适时性上。而这一切又取决于生产运作管理的绩效：如何保证质量、降低成本和把握时间。我国制造的产品之所以畅销世界各地，在一定程度上要归功于我国制造企业开展的生产运作管理。从这个意义上说，生产运作管理是企业竞争力的真正源泉。

3. 生产运作管理是企业降低成本、创造利润和价值的重要环节

生产运作管理的实质是在转换过程中实现价值的增值，并且大部分制造型企业或服务型企业的成本支付发生在生产运作环节，而通过有效的生产运作管理，企业便可以寻求到最佳的机会来降低成本、创造利润和实现增值。

4. 生产运作管理提供了良好的就业机会

在生产运作管理方面，具体的一些职位包括总经理、生产分析师、生产部经理、工业工程师、时间研究分析师、库存部经理、采购部经理、分销部经理、质量分析师及质量部经理等。

▶▶▶ 1.3.2　生产运作管理的内容

结合企业实际情况，生产运作管理的内容主要包括以下几个方面。

1．生产运作战略

生产运作战略是从企业提升竞争优势的要求出发，对生产运作系统进行战略定位，明确生产运作系统的结构形式和运行机制的指导思想。从生产运作系统的产出如何更好地满足社会和顾客的需求出发，根据企业营销系统对市场需求情况的分析，以及企业发展的资源状况和限制性因素，从总的方向上解决企业"生产什么""生产多少""如何生产"的问题。其重点是确定企业生产运作系统的可持续发展战略、目标、方针与步骤，对产品与工艺技术、竞争、组织方式等进行战略部署，分析影响战略的基本要素，以科学制定战略。

2．生产运作系统的设计

生产运作系统的设计主要是指根据生产运作战略的要求对企业的生产运作系统进行设计与分析，其主要内容包括产品设计与研发、工艺准备、工作研究与工作设计、劳动定额的编制等。

3．生产过程的组织

生产过程的组织既是实施生产运作计划的基础和依据，也是达成生产运作计划的手段和保证。生产过程的组织主要是企业合理分配生产运作资源，科学安排生产运作系统和生产运作过程中的各阶段、各环节，使之在时间、空间上协调衔接，合理组织生产要素，使企业生产运作系统中的物质流、信息流、资金流畅通，使有限的资源得到充分、合理的利用。

4．生产运作系统的运行与控制

生产运作系统的运行与控制主要是指企业根据生产运作战略和生产运作系统的设计方案，对生产运作系统的日常运行进行计划、调度与控制、优化、更新等，属于生产运行管理的日常工作。

（1）计划

计划包括预测对本企业产品和服务的需求，确定产品品种与产量，设置产品交货期，编制综合计划、主生产计划、物料需求计划（采购计划与作业计划）、生产作业计划，统计生产运作进展情况等。

（2）调度与控制

调度与控制是指在计划执行的过程中，需要检查实际执行情况，企业一旦发现偏离计划或标准，立即采取措施进行调整。为保证经济准时地完成生产运作计划，并不断挖掘生产运作系统的潜力，以改进生产运作系统，企业必须对生产运作过程实行全方位、全过程控制，重点是选择合适的生产调度工具与对生产进度和生产成本进行合理的控制。

（3）优化

基于生产运作战略的制定，企业在生产运作管理中，需要对生产运作系统进行进一步的优化，重点包括与生产紧密相关的现场管理、库存管理、质量管理等环节。企业应通过优化管理方式，采用合理的管理方法与工具，促进生产运作系统的高效运转。

（4）更新

生产运作系统的更新主要是指企业根据生产运作系统的运行情况和内外环境的动态变化，抓住时代机遇，积极主动地学习先进的生产模式，尤其是互联网经济下各类创新的制造模式。

▶▶▶ 1.3.3 生产运作管理的任务与目标

生产运作管理的基本任务，即运用计划、组织与控制等职能来管理生产运作系统，按照企业经营计划与经营目标的要求，将投入生产过程的人、财、物、技术和信息等生产要素充分有效地结合起来，整合成有机的体系，按照最经济的生产方式生产和提供满足社会需要的产品和服务，取得最佳的经济效益。

日趋激烈的市场竞争对企业的生产运作提出了更高的要求，企业生产的产品和提供的服务需要使顾客满意，包括满足对交货期的要求、对质量的要求、对价格的要求、对配套服务的要求等。这就要求企业构造一个高效的、适应性强的生产运作系统，帮助企业制造有竞争力的产品和提供优质的服务。事实上，在满足顾客要求的同时，企业还要实现经济效益，这两个方面是相辅相成的，顾客满意是前提，经济效益是目的。因此，生产运作管理的目标可以用一句话来概括：高效、低耗、灵活、准时地生产合格的产品和提供令顾客满意的服务。

1. 高效（P：Productivity）

高效是对时间而言的，是指同样的时间生产更多的优质产品或提供更多的优质服务，在给定的资源下实现最大的产出。效率提高了，单位时间内的人均产量就会提高，生产成本也就会降低。

2. 低耗（C：Cost）

低耗是指企业利用最少的人力、物力和财力消耗，生产出同样数量和质量的产品。低耗才能形成低成本，低成本才能有低价格，才能在价格方面产生竞争优势，争取到更多的顾客。企业效益的好坏在很大程度上取决于相对成本的高低，若成本挤占的利润空间很大，则会直接导致净利润降低，影响企业的经营效益。

3. 灵活（F：Flexibility）

灵活是指企业能很快地适应市场的变化，生产不同的产品或提供不同的服务并开发新产品或提供新服务。灵活性主要体现在生产运作系统的柔性上，企业通过系统结构、人员组织、运作方式和市场营销等方面的改革，使生产运作系统能对市场需求的变化做出快速的反应。制造型企业往往需要借助自动化的柔性设备来提高灵活性。

4. 准时（T：Time）

准时是指企业在顾客要求的时间和地点，按照顾客需求的数量，及时提供产品或服务，杜绝过量生产，消除无效劳动和浪费，达到投入产出比最小化的目的。衡量准时性最主要的指标是交货期。交货期是很多制造型企业的关键绩效指标，交货期指标的好坏直接影响企业与顾客之间的信任关系，影响企业的生存。

拓展阅读

如何准时交货？

随着市场竞争的日益激烈和经济全球化的不断发展，时间成为企业竞争资源的重要组成部分，快速反应越来越受到企业的重视，而准时交货是缩短供应链整体响应周期，实现供应链敏捷运作的重要途径。无论是制造型企业，还是贸易型企业，确保准时交货都是企业的核心所在。对交货期的控制和管理可从交货期的公式组成中寻求方法。交货期=行政作业时间+原料采购时间+生产制造时间+运送与物流时间+验收和检查时间+其他预留时间；交货及时率=及时交货的订单个数/总的订单个数×100%。

5. 质量（Q：Quality）

质量是指产品合格与否和服务的满意度，有形产品通常以性能、可靠性、维修性、安全性、适应性、经济性、时效性等作为衡量质量的指标；服务通常以功能性、经济性、安全性、时效性、舒适性和文明性等作为衡量质量的指标。

另外，随着国家对环境保护越来越重视，清洁这一要素在生产过程中也逐渐受到重视。清洁是指在生产过程中，节约原材料和能源，淘汰有毒的原材料，降低所有废弃物的数量和毒性，减少从原材料提炼到产品处理的全生产周期的不利影响，即在产品生产、使用和报废处理的过程中，将对环境的污染和破坏降至最低水平。

▼ 本章小结

本章首先引入了生产与生产运作的概念，在此基础上深入地介绍了从不同角度对生产运作的类型进行区分的知识，并提出改善生产类型、提高生产效率的途径，以使企业更好地适应社会的发展并满足顾客的需求。最后，本章对生产运作管理的含义、内容及任务与目标进行了阐述。本章从基本知识点的讲解开始，引导读者理解生产运作管理的相关概念，为后续的学习奠定理论基础。

课后练习

一、名词解释

1. 生产运作管理

2. 生产运作系统

3. 订货型生产

4. 备货型生产

5. 流程型生产

二、单项选择题

1. 大量生产的特征之一是（　　）。

    A．品种多　　　　　　　　　　B．专业设备多

    C．对工人的技术水平要求相对高　D．生产重复程度低

2. 服务型运作的特点包括（　　）。

    A．产品是无形的　　　　　　　B．质量标准是统一的

    C．一般可通过库存来调节　　　D．生产过程与消费过程一般是分离的

3. 运用物理机械，对离散的物料按一定工艺顺序加工，在运动中不断改变形态和性能，最后完成产品的生产，这属于（　　）生产运作。

    A．加工装配型　B．流程型　　　C．大量生产　　　D．成批生产

4.（　　）是指企业能够很快地适应市场的变化，生产不同的产品或提供不同的服务并开发新产品或提供新服务。

    A．高效　　　　B．低耗　　　　C．灵活　　　　D．准时

5.（　　）是由预测驱动的，是指在没有接到顾客订单时，在对市场需求量进行预测的基础上，按照已有的产品标准或产品系列进行的生产。

    A．备货型生产　B．订货型生产　　C．制造型生产　　D．服务型生产

6.（　　）是对企业的生产运作过程的长远性的、根本性的安排，决定了企业应该获取怎样的资源，怎样组织生产运作过程，提供怎样的产品或服务。

    A．生产计划　　　　　　　　　B．作业进度安排

    C．生产运作战略　　　　　　　D．物料需求计划

7. 为了减少零部件的变化，在产品设计方面，企业可以进行产品结构分析，改进产品设计，推行"三化"，即产品的系列化、零部件的（　　）和通用化。

    A．标准化　　　B．复杂化　　　C．简单化　　　D．批量化

三、问答题

1. 为什么要学习生产运作管理这门课程？

2. 制造型生产与服务型运作有何区别？

3. 备货型生产与订货型生产有何区别？

4．生产运作管理的任务是什么？

5．生产运作管理的目标有哪些？

四、实训作业

按照个人兴趣，分组成立模拟企业，根据调查资料，总结模拟企业的运营特点，列出本企业包含的生产运作管理的具体内容，包括生产运作的类型与生产运作战略的制定，以 PPT 的形式呈现和汇报。

第2章
生产运作系统的设计

能力目标

能够在理解工艺的基础上，掌握如何进行工艺准备工作。

能够合理规划与设计流水线。

能够结合企业实际进行工作设计与劳动定额的编制。

知识目标

掌握工艺与工序的含义。

掌握流水线生产的含义及规划的内容。

掌握工作研究、动作研究以及工作设计的内容。

掌握劳动定额的构成与时间定额的计算。

本章知识框架

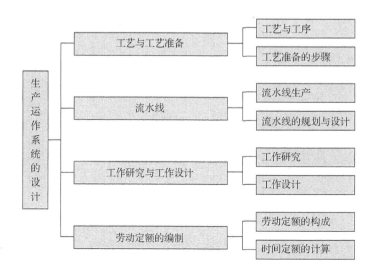

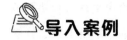

导入案例

服装企业中流水线系统的运用

雅戈尔集团是一家以服装生产为主的企业,以流水线的方式组织生产,能够将专业化生产与产品的平行移动完美地结合起来,符合生产过程的连续性、比例性和均衡性要求。但同时,由于流水线的对象专业化程度高,对产品变化的适应性较差,而且一旦某个环节发生设备故障就有可能导致整条流水线停产,因此,如何因地制宜地组织高效、连续、合适的流水线对服装企业来说至关重要,这也正是雅戈尔集团一直在考虑的问题。

在规划与设计流水线生产时,工序同期化可避免因产品工序划分、作业时间确定、工作地数量安排等作业组织不合理而造成的生产脱节或流水线停工等待,从而能保证流水线的连续性和平衡性。企业在实际操作过程中往往采用细化工序的方法来提高生产效率。然而,工人的熟练度并不能无止境地提高,同样,工序也不能无止境地细化。因此,雅戈尔集团采用计算机集成控制服装吊挂流水线系统来提高生产效率,实现工序同期化。

企业采用了计算机集成控制服装吊挂流水线系统,改变了服装行业传统的捆扎式生产方式,通过先进的计算机系统进行集成控制,对生产数据进行即时采集、分析和实时处理,有效解决了制作过程中辅助作业时间比例大、生产周期长、成衣产量和质量难以有序控制等问题。以衬衫生产线为例,其制作过程包括合肩、装袖、压袖笼、双针摆缝、上克夫、装领、卷下摆、检验8道工序,节拍为0.8件/分钟,改进后衬衫制作过程中各工序的作业时间与工位数如表2-1所示,工序同期化程度较高。

表2-1 改进后衬衫制作过程中各工序的作业时间与工位数

工序名称	合肩	装袖	压袖笼	双针摆缝	上克夫	装领	卷下摆	检验	合计
工位数（工人数）/个	2	2	1	1	2	2	1	2	13
作业时间/分钟	0.9	1	0.7	0.8	1.6	1.5	0.8	1.6	8.9

计算机集成控制服装吊挂流水线系统是服装工业快速反应生产技术中的一项高科技自动化设备,其基本构成是一台主计算机、一套悬空的物件传输系统和一套含有计算机终端机的工作站。同时,该吊挂流水线系统能对各工序进行有效监测,准确记录各工序的加工时间,可以有效帮助管理者找出限制流水线效率的瓶颈工序,并辅助分析形成瓶颈的原因。另外,由于吊挂设施是一套架设在空中的索道,很少占用地面空间,有利于提高企业设施的单位面积利用率。

试分析:

案例企业是如何利用工序同期化提高生产效率的?

生产运作系统是有效实现由输入到输出转化的依托和物质基础,因此生产运作系统的设计对实现企业目标有直接影响。生产运作系统的设计是运用科学的方法和手段对生产运作系统的选址、组成企业的各基本单位、各种生产设施及劳动的状态与过程进行合理的配置，使之形成一个协调、高效、经济的生产运作系统。生产运作系统的设计主要包括工艺与工艺准备、流水线、工作研究与设计、劳动定额的编制等内容，其中关于生产过程的组织的内容将在第 3 章介绍。

2.1 工艺与工艺准备

工艺准备是企业生产技术准备工作的主要内容之一，它与产品设计工作有着紧密联系，产品设计解决的是生产什么样的产品，而如何生产出符合设计要求的产品，需要依靠工艺准备工作来实现。

工艺准备的基本任务是设计出保证优质、高效、低耗地制造产品的工艺过程，制订试制和正式生产所需要的全部工艺文件，设计和制造各种工艺装备，做好设备和工艺装备的调整工作。工艺准备的基本内容包括对产品图纸进行工艺分析和审查、拟定工艺方案、编制工艺规程、设计和制造工艺装备等。

▶▶▶ 2.1.1 工艺与工序

生产过程中，直接改变原材料（毛坯）的形状、尺寸和性能，使之变为成品的过程，称为工艺阶段。它是生产过程的主要部分，工艺阶段的目的就是使某种材料更具价值。例如，毛坯的铸造、锻造和焊接，改变材料性能的热处理，零部件的机械加工等都属于工艺阶段。工艺阶段是由一个或若干个按顺序排列的工序组成的。

1. 工艺阶段

工艺阶段是指按照使用的生产手段的不同和加工性质的差别而划分的局部生产过程。若干相互联系的工艺阶段组成了基本生产过程和辅助生产过程。

2. 工序

工序是指一个工人或一组工人在同一工作上对同一劳动对象进行加工的生产环节。构成一个工序的主要特点是不改变加工对象、设备和操作者，而且工序的内容是连续完成的，它是组成生产过程的最小单元。例如，男士西装共有 118 道加工工序，这些工序组成了工艺阶段。

工序 1 名称：领料分包　　　　　设备名称：推车
工序 2 名称：收省拼侧片　　　　设备名称：工业平缝车
工序 3 名称：分侧缝粘前袖弯　　设备名称：烫台
工序 4 名称：拉前袖笼沙牵带　　设备名称：拉牵带机
……

⫸ 2.1.2 工艺准备的步骤

1. 工艺分析与审查

产品图纸的工艺分析与审查是根据工艺技术上的要求和企业的生产条件及可利用的外部条件，来评价新产品设计是否合理，加工条件是否具备，企业制造该产品是否能获得良好的经济效益。

工艺分析与审查不仅要考虑设计上的先进性和必要性，包括产品的结构是否与生产类型相适应，图纸设计是否充分利用已有的工艺标准，零部件的形状尺寸和配套是否合适，所选的材料是否适宜；还需要考虑工艺上的可能性和经济性，包括产品的零部件制造与装配是否方便，零部件在企业现有设备、技术力量等条件下的加工可行性。

工艺分析与审查首先是确认产品设计的加工可行性，其次是评估质量可靠性和生产经济性，如果产品设计达不到这些要求，就应该重新设计工艺方案。

2. 拟定工艺方案

工艺方案是工艺准备的总纲，是规定了全部工艺准备工作应遵循的基本原则以及产品试制中的技术关键和解决方法的纲领性文件。试制一种新产品或改造一种老产品、有哪些关键问题、关键件用什么方法加工、工艺路线怎样安排、工艺装备的设计原则和系数怎样确定、装配中有什么特殊要求，这些重大原则问题都应在工艺方案中确定。通过编制工艺方案，企业可以及早明确关键问题，有计划地对关键问题加以解决，切实保证试制进度。

工艺方案的主要内容包括以下几个部分。

① 规定设计产品试制及过渡到批量生产或大量生产的质量标准。

② 规定工艺规程的编制原则及形式。

③ 制订关键工艺问题的解决方案和选定试验研究的课题。

④ 规定工艺装备的设计原则和系数。

⑤ 确定生产组织形式和工艺路线。

⑥ 分析工艺方案的经济效益。

⑦ 估计工艺准备的工作量，拟定工艺准备工作计划。

一个新产品的设计可以有多种工艺方案，工艺方案不同，加工过程也不同，产生的经济效益自然不同。因此，企业必须对各种工艺方案进行经济评价，选择最优工艺方案。在比较工艺方案的优劣时，我们可以从以下两个方面着手。

① 技术经济指标。企业要对各种工艺方案进行技术经济指标分析，技术经济指标包括劳动消耗量、原材料消耗量、设备构成比、设计的厂房占地面积、工艺装备系数和工艺分散与集中程度等。

② 工艺成本。企业要对各种工艺方案的工艺成本进行分析，从综合、整体的角度判

断工艺方案的优劣。

工艺方案的经济效益分析通常采用工艺成本降低额、投资费用节约额、投资回收期等指标，然后择优选择。

3. 编制工艺规程

工艺文件包括工艺规程、工艺装配图、工时定额、原材料消耗定额等，其中最重要的文件是工艺规程。编制工艺规程是工艺准备的基本工作，工艺规程是直接指导工人进行技术操作的基本文件，同时也是企业进行计划安排、生产调度、技术检查、劳动组织和材料供应等工作的重要技术依据。

工艺规程的形式和内容与生产类型有关。单件小批生产条件下，工艺规程比较粗略，企业一般只编制工艺过程卡，对个别关键零部件编制工艺卡；成批生产条件下，企业对一般零部件编制工艺卡，对关键零部件编制工序卡；大量生产条件下，企业要对绝大部分零部件编制工序卡。因此我们将工艺规程总结为以下几种形式。

① 工艺过程卡。它是按产品的每个零部件编制的。它规定每个零部件在整个制造过程中所要经过的工艺路线，列出每个零部件经过的车间、各道工序的名称、使用的设备等，如表 2-2 所示。

② 工艺卡。它是按每个零部件的每个工艺阶段（车间）编制的一种路线工艺。它规定了加工对象在制造过程中在每一个工艺阶段内所经过的各道工序，以及各道工序的加工方法。

③ 工序卡。它是按产品或零部件的每道工序编制的工艺规程，规定了这一道工序的详细方法、技术要求等，如表 2-3 所示。

④ 工艺守则（操作规程）。它规定了操作的要领和基本的注意事项，一般是对重要的和关键的工序制订工艺守则。

表 2-2 和表 2-3 所示是以机械加工企业生产的左支座为例来说明工艺过程卡与加工工序卡，由此我们可以看出这两者之间的关系。

表 2-2 机械加工产品的工艺过程卡

机械加工工艺过程卡					产品型号		零部件图号			
					产品名称	左支座	零部件名称	左支座	共8页	第1页
材料牌号	HT200	毛坯种类	铸件	毛坯外形尺寸	140×140×103	每毛坯可制件数	1	每台件数	1	备注	
工序号	工序名称	工序内容				车间	工段	设备	工艺设备	工时/s	
										准终	单件
1	铣	粗铣Φ80H9(+0.087)mm孔的大端端面				金工			专用铣夹具		

工序号	工序名称	工序内容	车间	工段	设备	工艺设备	工时/s 准终	工时/s 单件
2	镗	粗镗Φ80H9(+0.087)mm内孔，2×45° 倒角	金工			专用镗夹具		
3	钻	钻削底板上的 4×Φ13mm通孔，钻 4×Φ20mm 沉头螺栓孔	金工			专用铣钻夹具		
4	钻扩、铰	钻削锥销孔 2×Φ10mm底孔，扩、铰锥销孔Φ10mm	金工			专用夹具		
5	精铣	精铣削Φ80H9(+0.087)mm孔的大端端面	金工			专用铣夹具		
6	精镗	粗镗Φ80H9(+0.087)mm内孔	金工			专用镗夹具		
7		加工倒角 R15、R10、R3	金工					
8		终检	检验					
			设计日期	审核日期	标准化日期	会签日期		

表 2-3　机械加工工序卡

机械加工工序卡	产品型号		零部件图号			
	产品名称	左支座	零部件名称	左支座	共8页	第3页

车间	工序号	工序名	材料牌号
金工	1	粗铣Φ80H9(+0.087)mm孔的大端端面	HT200
毛坯种类	毛坯外形尺寸	每毛坯可制件数	每台件数
铸件	140×140×103	1	1
设备名称	设备型号	设备编号	同时加工
立式铣床	X61 型铣床		1
		夹具名称	切削液
		专用夹具	
	工位器具编号	工位器具名称	工序工时/s
			准终　单件

工序号	工步内容	工艺设备	主轴转速	切削速度	进给量	走刀长度	进给次数	工步工时/s	
1	粗铣Φ80H9(+0.087)mm孔的大端端面	镶齿套式面铣刀	1.97	0.99	3.2		1	29.4	30.6
			设计日期	审核日期	标准化日期	会签日期			

4. 设计和制造工艺装备

（1）工艺装备的含义

工艺装备简称工装，在机械加工行业，是制造产品所用的各种刀具、量具、模具、夹具、辅助工具的总称。合理选用工艺装备，对保证产品质量、提高劳动效率、改善劳动条件具有重要作用。

非机械加工行业也存在工艺装备，但经常被人们忽视。在一些关键、重要的作业中，配套一些特殊的、便捷的装备和工具，能大幅度地提高工作质量和效率，乃至提高顾客满意度和降低人工成本。

工艺装备按其使用范围可分为标准工艺装备和专用工艺装备两种。标准工艺装备可以外购，它的功能、用途很广，门类很多；专用工艺装备需自行设计和制造，仅适用于某种产品、某个零部件、某道工序，属专用资产，且大多单件价格较高。

（2）工艺装备的设计和制造

设计和制造工艺装备的工作量很大，成本也较高。在机械制造企业中，专用工艺装备的设计和制造占整个生产技术准备工作量的50%（成批生产）～80%（大量生产）；工艺装备费用占产品成本的10%～15%。因此，在设计和制造工艺装备时应遵循以下各项要求。

① 正确规定专用工艺装备系数。

专用工艺装备系数=专用工艺装备/专用零部件种数

专用工艺装备系数随着生产类型的不同和产品的不同而变化，如表2-4和表2-5所示。

表2-4 不同产品专用工艺装备系数的比较

产品	专用工艺装备系数	生产类型
航空喷气发动机	22.05	成批生产
航空活塞式发动机	19.00	成批生产
轻型汽车	5.05	大批生产
载重汽车	10.00	大批生产
普通车床	2.20	大批生产

表 2-5 不同生产类型下的专用工艺装备系数（机床制造业）

工装名称	不同生产类型下的应用工艺装备系数					
	单件生产	小批生产	中批生产	大批大量生产		
夹具	0.08	0.20～0.30	0.4～0.8	4.0～1.4	1.3～2.0	1.6～2.2
刀具	0.04～0.08	0.15～0.25	0.25	0.3～0.5	0.5～0.7	≥0.9
量具	0.08～0.20	0.20～0.35	0.40	0.4～0.8	1.0～1.2	≥1.5
辅助工具	0.02	0.05～0.10	0.15	0.2～0.4	0.5～0.6	≥0.8
模具	—	—	0.10	0.20	0.3～0.4	≥0.5
总工装系数	0.20～0.38	0.60～1.0	1.3～1.7	2.1～3.3	3.6～4.9	≥5.3

② 提高工艺装备的继承性。

③ 采用规格化的工艺装备。工艺装备的规格化是指在企业内使工艺装备的结构、形式、尺寸通用化和标准化。

④ 保证质量、缩短周期、节约费用。

2.2 流水线

对于制造型企业而言，流水线是产品形成的重要阵地，确保产品在投入生产前做好流水线规划是非常重要的一件事，本节主要介绍流水线的规划与设计。

》》》 2.2.1 流水线生产

在大量生产类型的企业中，流水线生产占据着十分重要的地位。流水线生产方式起源于福特制，福特在 1913—1920 年创立了汽车工业的流水生产线，适应了大规模生产的需求。流水线生产的组织大大提高了工作的专业化水平，使各工序采用高效率的专门的设备和工艺设备成为可能，并且与计算机、自动控制技术、机械化运输装置及电气控制装置相结合，极大地促进了生产过程的自动化。

1. 流水线生产的特征

流水线是指加工对象按照一定的工艺路线顺序通过各个工作地，劳动者按照统一的生产速度完成工艺作业的连续性生产过程。流水线生产一般具有以下 5 个特征。

① 专业性。工作地专业化程度高，在流水线上固定地生产一种或有限几种制品，在每个工作地固定地完成一道或几道工序。

② 连续性。劳动对象流水般地在工序之间移动，生产过程具有高度的连续性，能最大限度地减少停工等待时间。

③ 节奏性。生产具有明显的节奏性，按照统一的节拍进行生产，即流水线上连续出产的两件制品的时间间隔是相同的。

④ 封闭性。工艺过程是封闭的，并且工作地按工序顺序排列成皮链状，劳动对象在工序间作单向移动。

⑤ 比例性。流水线上各道工序之间的生产能力相对平衡，尽量保证生产过程的比例性，即各道工序的工作地数量与单件工时的比值一致。

2. 流水线生产的形式

流水线的具体形式多种多样，可以根据不同的标准对其进行分类。

（1）单一品种流水线与多品种流水线

按流水线上加工对象品种的数目，流水线可分为单一品种流水线与多品种流水线两种。单一品种流水线是指流水线上只固定生产一种制品，要求制品的数量足够大，以保证流水线上的设备有足够的负荷。

多品种流水线是将结构、工艺相似的两种及以上制品，统一组织到一条流水线上生产。多品种流水线根据加工产品的轮换方式，又可分为可变流水线与混合流水线两种。可变流水线是集中轮番地生产固定在流水线上的几个制品，当某一制品的制造任务完成后，相应地调整设备和工艺装备，然后再开始另一种制品的生产，如图 2-1 所示；混合流水线是将生产作业方法大致相同的特定的几个制品放在流水线上进行均匀混合流送，一般多用于装配阶段的生产，如图 2-2 所示。

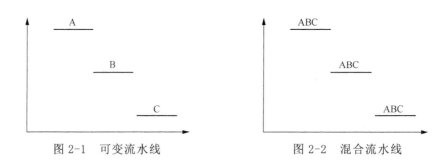

图 2-1 可变流水线　　　　　　图 2-2 混合流水线

（2）固定流水线与移动流水线

按加工对象的移动方式，流水线可分为固定流水线和移动流水线两种。固定流水线是指生产对象位置固定，生产工人携带工具沿着顺序排列的生产对象移动，主要用于不便运输的大型制品的生产，如船舶、飞机、重型机械等的装配。移动流水线是指生产对象需要移动，工人、设备及工具的位置固定的流水线，这是常用的流水线的组织方式。

（3）连续流水线与间断流水线

按生产的连续程度，流水线可分为连续流水线和间断流水线两种。前者是指制品在一道工序上加工完成后，立即转到下一道工序继续加工，中间没有停放等待时间；后者是指制品在完成一道或几道工序后，在下一道工序开始前，存在停放等待时间，使得生产过程有一定程度的中断。

当然，除了上述分类之外，流水线一般具有机械化运输设备，通常采用传送带、循环悬吊运送器等。其中，传送带按照工作方式，可分为分配式传送带与工作式传送带两种。采用分配式传送带时，各工作地排列在传送带的一边或两边，传送带传送制品经过各工作地时，工人就从传送带上取下制品，在工作地加工，加工完成后，再放回传送带上，如图2-3所示。

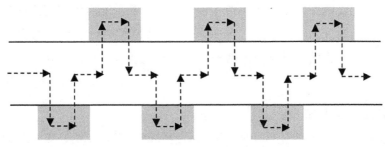

图2-3　分配式传送带

采用工作式传送带时，工人不必在传送带上取下制品，直接在传送带两旁或一旁对传送带上的制品进行加工，如图2-4所示。

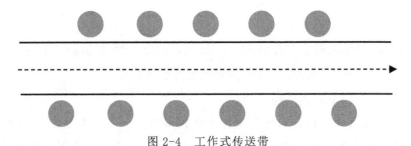

图2-4　工作式传送带

3. 组织流水线生产的条件

组织流水线生产须具备的主要条件如下。

① 产品结构和工艺相对稳定。在产品结构方面，要求所设计的结构能反映现代科学技术成就并基本定型，有良好的工艺性和互换性，以保证加工时间的稳定。在工艺方面，要求工艺规程能稳定地保证产品质量，企业可以采用先进且经济合理的工艺方法、设备和工艺。

② 制品的产量足够大，以保证流水线上各工作地有充分的负荷，一般而言，组织流水线时产量的计算方式如公式（2-1）所示。

$$Q \geqslant \frac{T}{t} \tag{2-1}$$

式中：Q——年产量或计划期产量；

　　　T——多数工作地一年（计划期）内有效工作时间；

　　　t——多数工序的工时定额。

③ 工艺过程能划分为简单的工序，某些工序又能根据工序同期化的要求适当地合并与分解，各道工序的单件工时不宜相差过大。

▶▶▶ 2.2.2 流水线的规划与设计

建立流水线之前，必须做好生产线的设计。生产线的设计正确与否，对流水线投产后能否顺利运行以及能否取得良好的经济效益有着关键性的影响。流水线的设计，包括技术设计和组织设计两个方面，本小节主要介绍单一品种流水线的组织设计。组织设计的内容一般包括确定流水线节拍、工序同期化、计算设备（工作地）数量和设备负荷系数、确定流水线的工人数、确定流水线节拍的性质与实现节拍的方法，以及流水线的平面布置等。

1. 确定流水线节拍

节拍是指流水线上连续出产两个相同制品的间隔时间。节拍是流水线最重要的工作参数，是一种期量标准，它决定了流水线的生产效率与生产能力。流水线节拍的计算方式如公式（2-2）所示。

$$R = \frac{F}{Q} \tag{2-2}$$

式中：R——流水线的节拍；

F——计划期有效工作时间，F=计划期制度工作时间×时间有效利用系数=计划期制度工作日数×班次×每班工作时间×时间有效利用系数；

Q——年产量或计划期产量。

【例 2-1】某制品流水线计划的年销售量为 20 000 件，废品率为 2%，全年制度工作日数为 260 天，两班制工作，每班 8 小时，时间有效利用系数为 95%，请计算流水线的节拍。

【解】F=260×2×8×60×95%=237 120（分钟）

Q=20 000/（1-2%）≈20 408（件）

R=F/Q=237 120/20 408≈11.6（分钟/件）

【例 2-2】一条电子生产线，计划出产 1 000 只电子管，两班制工作，每班 8 小时，每班休息 15 分钟，废品率为 5%，请计算流水线的节拍。

【解】F=2×8×60-2×15=930（分钟）

Q=1 000/（1-5%）≈1 053（只）

R=F/Q=930/1 053≈0.88（分钟/只）

2. 工序同期化

工序同期化是使流水线中各道工序的单件加工时间等于节拍或节拍的整数倍，这是保证各道工序按节拍进行工作的重要因素。工序同期化一般分两步进行。第一步是初步同期化，在流水线的设计阶段进行，是将原工序细分为更小的工步，然后将相邻的工序与工步重新组合为新的工序，从而使调整后的工序时间接近节拍或节拍的整数倍，基本上处于节拍的 85%～105%。第二步是精确同期化，经过初步同期化后，如还有一些关键工序的时间大于节拍或不为节拍的整数倍，可以进一步采用以下措施进行解决。

① 提高设备的机械化、自动化水平，采用高效率的工艺装备，减少工序的作业时间。

② 改进操作方法和工作地的布置，减少辅助作业时间。

③ 提高工人的操作熟练程度和工作效率，改进劳动组织，如将熟练的工人调到高负荷工序工作，组织相邻工序进行协作，或者选拔几名工人沿流水线巡回作业，协助高负荷工序区的工人完成任务等。

④ 对单件加工时间长且不能分解的工序，应增设工作地、组织平等作业。

【例 2-3】企业流水线上原工序的加工时间及节拍如表 2-6 所示，可知工序同期化程度较低，企业想要提高流水线的生产效率，需要改进生产线，使得工序时间接近节拍或节拍的整数倍。

表 2-6　工序同期化前（原工序）

工序号	1		2			3		4			5	6	
工序时间（分钟/件）	3.4		9.9			7.2		6.5			3.4	8.6	
工步号	1	2	3	4	5	6	7	8	9	10	11	12	13
工步时间（分钟/件）	2	1.4	5.6	3.2	1.1	4.2	3	1.5	4	1	3.4	6	2.6
流水线节拍	4.5												

【解】原工序的工步 1、2 与原工序的工步 3 组合为新工序 1，新工序时间为 9（2+1.4+5.6）分钟；

原工序的工步 4、5 组合为新工序 2，新工序时间为 4.3（3.2+1.1）分钟；

原工序的工步 6 成为新工序 3，新工序时间为 4.2 分钟；

原工序的工步 7、8 组合为新工序 4，新工序时间为 4.5（3+1.5）分钟；

原工序的工步 9 成为新工序 5，新工序时间为 4 分钟；

原工序的工步 10、11 组合为新工序 6，新工序时间为 4.4（1+3.4）分钟；

原工序的工步 12、13 组合为新工序 7，新工序时间为 8.6（6+2.6）分钟，最终如表 2-7 所示。

表 2-7　工序同期化后（新工序）

工序号	1			2		3		4		5	6		7	
工序时间（分钟/件）	9			4.3		4.2		4.5		4	4.4		8.6	
工步号	1	2	3	4	5	6	7	8	9	10	11	12	13	
工步时间（分钟/件）	2	1.4	5.6	3.2	1.1	4.2	3	1.5	4	1	3.4	6	2.6	
流水线节拍	4.5													

3. 计算设备（工作地）数量和设备负荷系数

要衡量上述案例中新工序的工序同期化程度（与每道工序的设备配备有关），我们首先需要计算设备（工作地）数量。

（1）计算设备（工作地）数量

设备（工作地）数量的计算方式如公式（2-3）所示。

$$S_i = \frac{t_i}{R} \qquad (2-3)$$

式中：S_i——第 i 道工序所需设备数量；

t_i——第 i 道工序的单件加工时间；

R——流水线节拍。

计算出的设备数量 S_i 若不为整数，则实际采用的设备（工作地）数量 S_{ei} 应取大于计算出的设备（工作地）数量 S_i 的最小整数，因此【例 2-3】中各工序的设备（工作地）数量分别如下。

第 1 道工序：$S_1 = \dfrac{9}{4.5} = 2$；

第 2 道工序：$S_2 = \dfrac{4.3}{4.5} \approx 0.96$，取 1；

第 3 道工序：$S_3 = \dfrac{4.2}{4.5} \approx 0.93$，取 1；

第 4 道工序：$S_4 = \dfrac{4.5}{4.5} = 1$；

第 5 道工序：$S_5 = \dfrac{4}{4.5} \approx 0.89$，取 1；

第 6 道工序：$S_6 = \dfrac{4.4}{4.5} \approx 0.98$，取 1；

第 7 道工序：$S_7 = \dfrac{8.6}{4.5} \approx 1.91$，取 2。

（2）计算工序同期化程度

工序同期化程度的计算方式如公式（2-4）所示。

$$T_i = \frac{t_i}{R \times S_{ei}} \qquad (2-4)$$

式中：T_i——第 i 道工序的工序同期化程度。

S_{ei}——第 i 道工序的设备（工作地）数量。

（3）计算设备负荷系数

设备负荷系数是表明设备利用程度的指标，其计算方式如公式（2-5）所示。

$$K_i = \frac{S_i}{S_{ei}} \qquad (2-5)$$

式中：K_i——第 i 道工序的设备负荷系数。

最终【例 2-3】进行了工序同期化后，各新工序的设备（工作地）数、工序同期化程度以及设备负荷系数如表 2-8 所示，原工序同期化程度如表 2-9 所示。

表 2-8 新工序同期化程度与设备（工作地）情况

工序号	1			2		3	4		5	6		7	
工序时间（分钟/件）	9			4.3		4.2	4.5		4	4.4		8.6	
工步号	1	2	3	4	5	6	7	8	9	10	11	12	13
工步时间（分钟/件）	2	1.4	5.6	3.2	1.1	4.2	3	1.5	4	1	3.4	6	2.6
工作地数量（个）	2			1		1	1		1	1		2	
流水线节拍	4.5												
同期化程度	1			0.96		0.93	1		0.89	0.98		0.96	
设备负荷系数	1			0.96		0.93	1		0.89	0.98		0.96	

表 2-9 原工序同期化程度

工序号	1		2			3		4			5	6	
工序时间（分钟/件）	3.4		9.9			7.2		6.5			3.4	8.6	
工步号	1	2	3	4	5	6	7	8	9	10	11	12	13
工步时间（分钟/件）	2	1.4	5.6	3.2	1.1	4.2	3	1.5	4	1	3.4	6	2.6
工作地数量（个）	1		3			2		2			1	2	
流水线节拍	4.5												
同期化程度	0.76		0.73			0.8		0.72			0.76	0.96	
设备负荷系数	0.76		0.73			0.8		0.72			0.76	0.96	

通过两张表的对比可知，新工序的同期化程度大大提高，设备负荷得以改善，说明新流水线的连续性较高。

4. 确定流水线的工人数

流水线的设备确定后，即可确定各工序的单件加工时间结构和工作班次，以在此基础上配备工人。流水线可分为以手工劳动为主的流水线和以设备为主的流水线，因此工人数的计算方式也不同。

（1）以手工劳动为主的流水线工人数

在以手工劳动为主的流水线上，工人数的计算方式如公式（2-6）所示。

$$P_i = S_{ei} \times g \times W_i \tag{2-6}$$

式中：P_i——第 i 道工序的工人数；

S_{ei}——第 i 道工序的设备（工作地）数量；

g——每日工作班次；

W_i——第 i 道工序中每台设备（工作地）同时工作的人数。

因此，整条流水线的 m 个工序总共需要的工人数的计算方式如公式（2-7）所示。

$$P = \sum_{i=1}^{m} P_i \tag{2-7}$$

式中：P——整条流水线总共需要的工人数；

m——工序数。

（2）以设备为主的流水线的工人数

在以设备为主的流水线上，我们需要考虑后备工人数与工人看管设备数的定额，工人数的计算式如公式（2-8）所示。

$$P = (1+b)\sum_{i=1}^{m} \frac{S_{ei} \times g}{f_i} \qquad （2-8）$$

式中：P——流水线工人总数；

b——考虑缺勤等因素的后备工人百分比；

f_i——第 i 道工序中每个工人的设备看管数的定额（台/人）。

5. 确定流水线节拍的性质与实现节拍的方法

流水线选择怎样的节拍，主要根据工序同期化的程度与加工对象的重量、体积、精度、工艺特性等来确定。不同节拍需要选择不同形式的流水线运输装置。

① 强制节拍流水线。由于各道工序的时间与节拍吻合度高，生产线的连续性高，生产的节奏性明显，因此强制节拍流水线一般采用机械化的传送带作为运输装置。

② 自由节拍流水线。自由节拍流水线是工序同期化程度和连续性程度较低的流水线，因此这种流水线一般采用连续式运输带、滚道、平板运输车等运输装置。

③ 粗略节拍流水线。由于这种流水线的各道工序的时间差别较大，不能按照生产线的整体节拍进行连续生产，因此这种流水线一般采用滚道、重力滑道手推车、叉车等运输装置。

6. 流水线的平面布置

这里主要介绍单一品种流水线的平面布置，单一品种流水线应根据经工序同期化后的工序（含工位）顺序安排其在流水线上的分布，在设计具体工位时，涉及工位间距（L_i）、预留空工位（圆形）、流水线实体占地面积、流水线所需操作平面面积及产品流动通道等内容，如图 2-5 所示。

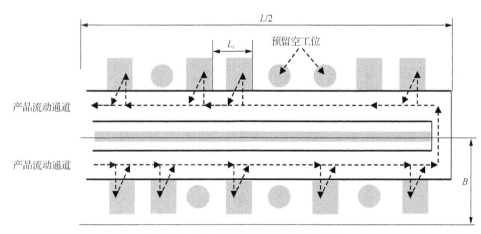

图 2-5　单一品种流水线的平面布置

① 工位间距（L_i）的确定：小体积制品生产的流水线工位间距一般为 1.2～2 米；中等体积制品生产的流水线工位间距为 2～4 米；大体积制品生产的流水线工位间距应根据具体制品的外形尺寸而定，如轿车装配线的工位间距可达 4～6 米。

拓展阅读

工位

流水线的由来可追溯到英国人乔赛亚·韦奇伍德在 1769 年开办的埃特鲁利亚陶瓷工厂，他在场内实行精细的劳动分工，把原来由一个人从头到尾完成的制陶流程分成几十道专门工序，每道工序由一个人来完成。而这几十道专门工序就组成几十个相应的工位，每一个工位上的人只需完成自己的任务。这样一来，原来意义上的"制陶工"就不复存在了，存在的只是挖泥工、运泥工、制坯工等，他们必须按固定的工作节奏劳动，并服从统一的劳动管理。

随着工业化的发展，工位成为生产过程中最基本的生产单元，企业在工位上安排人员、设备、原料工具进行生产装配。一个产品的制造需要先把产品分解成最基本的原件，然后根据生产制造顺序，把原件分配到各个工位，各个工位上的人把原件组装成产品或把原件组成的零部件组装成产品。工位的人员组成是根据装配项目来安排的，一般一个工位一人操作，可以是技工或操作工等。

② 流水线实体占地面积的确定：根据流水线实体的具体宽度、具体工位数及适当的放长量而确定。

③ 流水线所需操作平面面积的确定：如图 2-5 所示，以流水线的半侧实体与操作空间组成的宽度尺寸 B 与经计算的流水线体长度 L 的乘积再乘以 2 计算得出。

④ 含流水线所需操作平面、人员和产品流动通道等在内的占地面积可达 5 倍的流水线所需操作平面面积的 3～5 倍。

当然，流水线的平面布置应当有利于工人操作，并使制品运输路线最短，生产面积得到充分利用。同时，流水线的平面布置还需要考虑流水线之间的相互衔接，以使所有流水线的布置符合产品的生产流程。

常见的流水线的平面布置图形有直线形、直角形、开口形、蛇形、山字形、环形等，如图 2-6 所示。其中，直线形流水线用于工序少、每道工序的工作地数量也较少的情况，当工作地数量或工序较多时，可采用双直线形流水线；当工序或工作地数量较多时，可采用直角形、开口形、蛇形等流水线；山字形流水线适用于零部件加工和零部件装配相结合的情况；环形流水线适合在工序循环重复时采用，并在目前的精益生产方式中得到了较为广泛的应用。

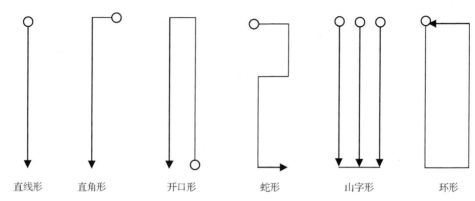

| 直线形 | 直角形 | 开口形 | 蛇形 | 山字形 | 环形 |

图 2-6 常见的流水线的平面布置图形

至于多品种流水线的设计，同样需要计算节拍、工序的设备（工作地）数量与设备负荷系数，另外，为了合理地出产不同种类的产品，企业必须科学地安排投产顺序。

2.3 工作研究与工作设计

2.3.1 工作研究

工作研究又称作业研究，是方法研究和时间研究的统称。工作研究是以生产运作系统为对象的一种科学方法，是指在既定的工作条件下运用系统分析的方法研究资源的合理利用，排除工作中不合理、不经济、混乱的因素，寻求一种最佳、最经济的工作方法和科学合理的时间安排，以最终提高系统的生产率。

1. 工作研究的内容

工作研究的内容包括方法研究和时间研究，就是从方法和时间上对生产过程中的每个操作进行分析，以达到生产效率最高和生产成本最低的目的。工作研究的途径是通过方法研究制定标准作业，通过时间研究制定标准时间，如图 2-7 所示。

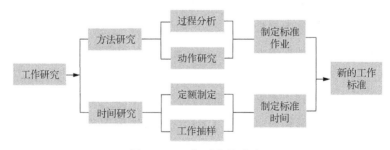

图 2-7 工作研究的内容

其中，方法研究是指通过作业过程分析和动作研究，制定每项作业的操作标准。时间研究是指通过制定工作定额和对每项工作进行抽样，制定每项作业的标准时间。方法研究与时间研究相互联系，方法研究是时间研究的前提，用科学的方法，才能确定科学的劳动定额，从而确定合理的工作时间；而时间研究是选择和比较工作方法的依据，只有通过时间研究，确定了科学合理的劳动定额，才能更好地培训员工。

案例分析

彩电制造企业运用工作研究

一家彩电制造企业通过应用与工作研究有关的管理技术，几年来企业的生产效率得到了明显的提高。

以安装喇叭的工序为例。以前存在的问题有工作台上的零部件混合放置，操作工人存在许多非生产性的动作，如寻找零部件；经二次开箱后，喇叭从纸盒内被取出，开箱后的清理增加了较多的辅助工时；频繁弯腰以从纸盒内取出喇叭放到工作台上，费时又费力，既增加了劳动强度，也耗费了较多工时。

针对以上问题，企业采取了一系列改进措施。例如，改进零部件的包装形式，用塑料周转箱替代原来的纸盒、纸箱，并要求供货单位按时按需地送货到指定工位；设计了新的工位器具，工位布置符合人体活动特点，工人在操作时坐立方便，同时减少了许多不必要的非生产性的动作（弯腰拿取喇叭、选择紧固件等），缩短了动作距离，降低了工人的劳动强度。该措施的实施效果较好，如喇叭装配的新标准时间为 0.35 分钟，原来为 1.232 分钟，工时降低约 71.6%。

分析：开展工作研究可以对提高生产效率起到很大的作用。大批生产过程中，每个动作都要成千上万次地重复出现，即便是减少几个动作、缩短几秒钟时间，都会带来意想不到的效果。

2. 方法研究

方法研究是指运用各种分析技术，对工作方法进行分析、设计和改进，寻求最佳的工作方法并使之标准化的一系列活动。其最终目的是寻求一种最佳的工作方法，以减少人员、机器的无效动作和物料的过多消耗，并使该方法标准化。

方法研究的一般程序如下。

① 选择准备研究的工作对象。选择方法研究的工作对象时，我们应考虑 3 个方面的因素：经济因素、技术因素、人的因素。所以，企业通常会选择有危险、令人感到疲劳和不舒服的，有质量问题或瓶颈工序的工作进行研究和改进。

② 调查了解并详细记录现行方法。我们应用一些文字、图表等把现行方法的全部事实表示出来。在记录时，我们可在图表中采用标准的符号进行表述，这有助于加深我们对该工作的理解。

③ 分析记录的事实，寻求新的方法。企业通常采用"5W1H"法进行分析研究。

对象（What）——做什么？

地点（Where）——何处做？有无更合适的地点？

时间（When）——何时做？有无更合适的时间？

人员（Who）——由谁做？可否更换人员或由同一人做？

原因（Why）——为何做？某些工作可否省去？

方法（How）——如何做？能否简化或改善工作方法？

④ 拟订并建立新的工作方法。企业通常会拟订若干备选方案，并从中选择最佳方案。

⑤ 贯彻实施新的工作方法。提出的改进方案要获得成功的实施，除该方案确实具有优点外，还需要获得工人的支持。因此，在改进的全过程中，保持同工人的协调并且采纳工人的建议，以及在改进方案实施前进行的宣传和培训都是必要的。

3. 动作研究

动作研究是以操作为对象，对动作活动进行详细的分析研究，删除多余无效的动作，制定最有效的动作序列的一种活动。动作研究最初源自 20 世纪的吉尔布雷斯的砌砖试验，通过对砌砖动作的分析研究，吉尔布雷斯大幅度提高了每小时砌砖的平均数。实践表明，动作研究对企业提高生产效率有很大的促进作用。

根据精确度要求，动作研究常采用以下 3 种方法。

① 目视动作分析法。目视动作分析法是指研究人员用肉眼对作业中的动作进行直接观察，并对观察结果进行记录和分析的一种方法，该方法根据动作经济原则进行分析和改进。

② 动作录像分析法。动作录像分析法是指研究人员用摄影机或录像机把操作者的动作拍摄下来再进行分析，可分为细微动作研究和微速度动作研究两种类型。

③ 动素分析法。动素分析法是指研究人员将作业中的动作进一步细分为动素，然后逐项分析、谋求改进的方法。动素是由吉尔布雷斯首先提出的，他对操作者的动作进行了研究，发现所有的操作都是由一系列基本动作要素组成的。因此，他将人的操作活动分解成 17 种最小单位——基本动作要素，简称"动素"，如表 2-10 所示。

表 2-10　动素

类别	动素名称	名称符号	定义
I 类 （必要）	伸手	RE	接近或离开目的物的动作
	抓取	G	抓住目的物的动作
	移动	M	将目的物由一个位置移到另一个位置的动作
	装配	A	结合两个以上目的物的动作
	使用	U	利用器具或设备改变目的物的动作
	拆卸	DA	分解两个以上目的物的动作
	放手	RL	放下目的物的动作
	检查	I	将目的物与规定标准进行比较的动作

类别	动素名称	名称符号	定义
Ⅱ类 （准备）	寻找	SH	确定目的物的位置的动作
	选择	ST	确定要抓取的目的物的动作
	计划	PN	作业中决定下一步动作的思考动作
	定位	P	把目的物放在所希望的正确位置上的动作
	预位	PP	物品使用完，放在方便下次使用的位置上的动作
Ⅲ类 （不活动）	持住	H	保持目的物不动的动作
	休息	RD	不含有用的动作，以休息为目的
	迟延	UD	不含有用的动作，工作者本身不能控制的延迟
	故延	AD	不含有用的动作，工作者本身能控制的延迟

▶▶▶ 2.3.2　工作设计

1. 工作设计的概念

工作设计是在工作研究的信息基础上，探讨如何有效组织生产劳动的过程。它通过对生产任务的分解，把适当的工作内容分配给适当的工作者，然后以适当的形式将他们组织起来以实现工作的协调与总任务的完成。它的目的是使工作分配符合组织的和技术的要求，以及符合担任工作任务的员工的个人要求。

2. 工作设计的内容

工作设计是一项复杂的工作，因为最终的工作结构涉及许多关键因素，如图 2-8 所示。此外，这些因素正日益受到以下发展趋势的影响。

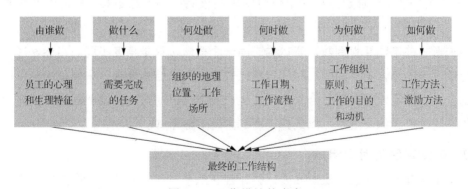

图 2-8　工作设计的内容

① 质量控制已经成为每个岗位工作的一部分。每个岗位上的员工都被赋予质量控制的责任，他们甚至有权把存在质量问题的生产线停下来。

② 训练员工掌握多种技能并承担多项工作。许多企业的生产批量正在变得越来

小，需要员工会做更多的不同的工作。

③ 员工或作业小组参与工作设计和组织等管理活动。这是全面质量管理中质量管理和系统改进活动的最重要的特点。

④ 企业员工的流动性变得越来越大。

工作设计的目的是要完成生产任务，然而如何才能完成生产任务既是工作设计所要解决的问题，也是工作设计需要借助什么力量或通过什么举措来达到目的的策略反映。

2.4 劳动定额的编制

劳动定额是企业在一定的生产技术与组织条件下，为生产一定量的合格产品或完成一定量的工作，所规定的劳动消耗的标准。劳动定额水平的高低可以反映企业劳动资源的利用水平。劳动定额是编制生产计划的重要依据，是进行成本核算的重要基础资料，是计算员工工作量、实行按劳分配的主要依据，也是企业提高劳动生产率的一种重要手段。

▶▶▶ 2.4.1 劳动定额的构成

1. 劳动定额的形式

劳动定额一般有时间定额和产量定额两种形式。

① 时间定额。时间定额指每生产一个产品所需要消耗的工时数，是用时间表示的定额，一般以分钟为计量单位。

② 产量定额。产量定额指在单位时间内应该完成的产品数量，是用生产量表示的定额。

两种形式的定额互为倒数，表达的是同一个概念，只是角度不同。当然，形式的不同也导致适用的场合不尽相同。时间定额比较适合产品结构复杂、采用多品种中小批量生产的企业；产量定额比较适合采用大量生产或加工时间短、自动化程度高的企业。企业内的不同生产组织类型也可以选择不同的劳动定额形式。

2. 劳动定额的时间组成

一位工人在 8 小时的上班时间内，并非都在从事与加工制造产品有关的工作，还常常会有一些与加工制造产品无关的活动，在制定劳动定额时，我们必须分清哪些工时消耗应该计入劳动定额，哪些工时消耗不应计入劳动定额。

（1）工时消耗的构成

工时消耗由定额时间与非定额时间构成，如图 2-9 所示。

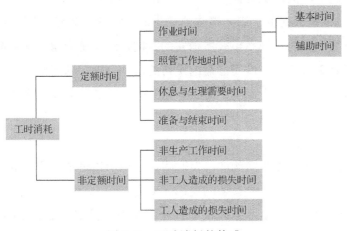

图 2-9　工时消耗的构成

① 作业时间。作业时间是指为完成生产任务而消耗的时间，它主要消耗在加工工艺过程中，是劳动定额的主体部分，它又可分为基本时间与辅助时间两部分。基本时间是指使劳动对象发生物理或化学变化所消耗的时间，是创造价值的劳动时间消耗，它包括机器加工时间、手工作业时间和机动劳动时间。辅助时间是指为实现工艺过程而进行的各种辅助操作所消耗的时间，如装卸零部件、测量尺寸所消耗的时间。

② 照管工作地时间。照管工作地时间是指工人用于布置工作场地，使工作得以经常保持正常状态所消耗的时间，如更换刀具、保养设备、调整设备等，这些属于技术的需要。另外，它还包括满足组织的需要所耗费的时间。例如，上班时领取工作图纸、工具和整理工作地，下班时填写有关工作记录、收拾工具、擦拭设备和交接班等所消耗的时间，这些时间是必须消耗的，但它没有增加价值，应尽量减少。

③ 休息与生理需要时间。休息时间是指工人在劳动中为消除疲劳所需要的时间。工人的疲劳感与作业环境、劳动强度、操作姿势和作业内容的单调性有关，而工人的疲劳程度越高，其所需的休息时间就越长。生理需要时间是指工人上厕所、喝水、擦汗、洗手等所消耗的时间，这部分时间与工人的工作环境、性别等有关。

④ 准备与结束时间。准备与结束时间是指每接收一项工作，工人在开始前的准备工作与加工完毕后的结束工作所消耗的时间。例如，了解任务、熟悉图纸、调整设备、准备工具夹具、工件交付检验等所消耗的时间。

⑤ 非生产工作时间。非生产工作时间是指工人在上班时间内做了与其自身的生产任务无关的工作所消耗的时间。在企业中，工人只有直接从事加工制造的劳动才能创造价值，所以必须保证工人有足够的有效劳动时间，浪费有效劳动时间就是在损失劳动价值。

⑥ 非工人造成的损失时间。非工人造成的损失时间指因企业管理不当或企业外部原因使工人的工作发生中断的时间。例如，等待分配任务、等待原材料、停电、停水、

设备故障等所消耗的时间，这些都属于不正常的时间消耗。

⑦ 工人造成的损失时间。工人造成的损失时间是指工人违反劳动纪律造成的损失时间。例如，迟到、早退、办私事等所消耗的时间，这些是完全不允许的时间损失。

前 4 类时间是工人完成工作所必需的正常的时间消耗，即定额时间，在制定劳动定额时必须考虑进去。而后 3 类时间不是工人完成生产任务所必需消耗的时间，即非定额时间一般不应该计入劳动定额。

（2）时间定额的构成

时间定额基本上由定额时间构成，但时间定额表示的是单个产品的劳动时间消耗，所以时间定额的构成会随着生产类型的变化而变化。

① 单件生产的时间定额。因为是单件生产，每件产品的生产都需要准备与结束时间，所以其时间定额由定额时间中的 4 类时间构成。实际运用中采用的简化计算公式如下。

$$单件生产的时间定额 = 作业时间 \times （1 + 宽放率） + 准备与结束时间 \qquad (2\text{-}9)$$

其中，宽放率为照管工作地时间和休息与生理需要时间之和占作业时间的百分比，我国的宽放率一般为 10%～15%。

② 成批生产的时间定额。准备与结束时间发生在同一批加工对象上时，其需要被分摊到每件产品上，成批生产的时间定额的计算公式如下。

$$成批生产的时间定额 = 作业时间 \times （1 + 宽放率） + 准备和结束时间 / 批量 \qquad (2\text{-}10)$$

③ 大量生产的定额时间。由于生产数量大，分摊到每件产品上的准备与结束时间很少，可以忽略不计，因此时间定额只由定额时间中的前 3 类时间组成。其计算公式如下。

$$大量生产的时间定额 = 作业时间 \times （1 + 宽放率） \qquad (2\text{-}11)$$

上述公式中不包括非定额时间，在实际使用中考虑到管理上的因素、外界客观环境的干扰会使工人损失工作时间，如果这些损失由工人承担，会影响工人的情绪，所以在宽放率中应该适当考虑这些因素。宽放率主要与个人差异、工作特点和工作环境有关。

⫸⫸⫸ 2.4.2　时间定额的计算

时间定额的计算方法主要有秒表测时法、经验估计法和模特排时（Modular Arrangement of Pre-determined Time Standard，MOD）法等。

1. 秒表测时法

秒表测时法由"科学管理之父"泰勒首创，是根据对某个工人的多次观察来制订时间标准，然后将之应用于执行相同任务的其他人中的方法。其步骤是明确所要研究的任务，将完成该任务的过程分解为细微的基本动作要素，确定观察的次数，记录工作时间，评估工人的绩效，计算标准时间。

【例2-4】一家公司对包装车间的包装工作进行了一次时间研究，共观测了6次，每次的观测结果如表2-11所示，该公司规定宽放率为10%，另外，该公司的包装量较大，请计算包装车间的时间定额。

表2-11 某公司包装车间工序时间观测值   单位：分钟

工序	6次观测的动作时间						平均时间
	1	2	3	4	5	6	
制箱	0.64	0.64	0.63	0.60	0.61	0.66	0.63
包装	1.17	1.19	1.25	1.20	1.15	1.19	1.19
封箱和保护	0.48	0.48	0.50	0.50	0.52	0.52	0.50
固定和标签	1.12	1.10	1.08	1.13	1.27	1.12	1.14

【解】大量生产的时间定额=作业时间×（1+宽放率）

本公司包装车间的时间定额=（0.63+1.19+0.50+1.14）×（1+10%）≈3.81分钟

2. 经验估计法

经验估计法是由具有丰富生产经验的人担任定额员，依照工作图纸和加工工艺要求，参考使用的加工设备的性能、原材料特性和生产条件，凭借经验确定时间定额数值的方法。这种方法简便易行，工作量小，定额员能够在审查图纸和工艺资料之后的几秒钟内确定时间定额。但是，受定额员的经验、能力和责任性的限制，这一时间定额有很大的主观性。例如，同一件工作、同一个工人、基本生产条件不变，不同的定额员会估算出不同的时间定额，因此，该方法准确性较差。

为了提高工作的准确性，企业可以采取一人估算、另一人审核或两个人分别独立估算的措施，再用技术方法校正差别大的估算值。此方法一般适合于单件小批生产运作类型，使用这种方法时一般不宜与工人直接进行讨论。

此外，为了提高经验估计法的准确性，定额员可以在经验的基础上使用科学方法，如概率估算法是目前在大工程中普遍被采用的方法。

3. MOD 法

MOD 法是预定时间法之一，属于间接测时法，它可以不受被观测者的影响，是指在作业开始以前，先行确定标准时间。这种测时方法的原理是作业时间是由工人的操作形成的，而工人的操作是由一系列动素构成的，而每一种动素的时间值都可以在实验室中确定，并可将其制成表格。因此，定额员只要分析出了每项操作的动素，就可以方便地计算出每项操作所需要消耗的时间。

需要特别指出的是，时间定额可以方便地换算成产量定额（产量定额=时间定额/单件工作时间），本书不再赘述。

本章小结

　　本章主要围绕生产运作系统的设计展开，包括了工艺与工艺准备、流水线、工作研究与设计、劳动定额的编制等内容。首先是工艺准备，读者在了解工艺与工序的基础上，掌握从工艺分析与审查、拟定工艺方案、编制工艺规程到设计和制造装备的过程；其次是流水线的介绍，主要介绍了流水线的规划与设计；读者还需掌握工作研究与工作设计的一系列内容，最后需要进行劳动定额的编制。

课后练习

一、名词解释

1．工序

2．工艺准备

3．流水线生产的特征

4．节拍

5．工作研究

6．时间定额

二、单项选择题

1．生产过程中，直接改变原材料（毛坯）的形状、尺寸和性能，使之变为成品的过程是（　　　）。

　　A．工艺阶段　　B．工序　　　　　C．作业过程　　　D．工作过程

2．吉尔布雷斯在管理上的主要贡献是（　　　）。

　　A．发明了活动进度图　　　　　　B．进行了霍桑实验

　　C．写了《国富论》　　　　　　　D．动作研究方面有成就

3．制造产品所用的各种刀具、量具、模具、夹具、辅助工具的总称是（　　　）。

　　A．工具　　　　B．工装　　　　　C．工作　　　　　D．装备

4．（　　　）是企业在一定的生产技术与组织条件下，为生产一定量的合格产品或完成一定量的工作，所规定的劳动消耗的标准。

　　A．产量定额　　B．时间定额　　　C．工作定额　　　D．劳动定额

5．（　　　）是由"科学管理之父"泰勒首创，是根据对某个工人的多次观察来制定时间标准，然后将之应用于执行相同任务的其他人中的方法。

　　A．秒表测时法　　B．历史数据法　　C．MOD　　　　　D．经验估计法

6．劳动定额一般有时间定额和产量定额两种形式，两种形式的定额为（　　　），表达的是同一个概念，只是角度不同。

　　A．倒数　　　　B．相反数　　　　C．相同　　　　　D．没关系

三、问答题

1．工艺与工序的关系是什么？

2．工艺规程的形式有哪些？

3．流水线的规划与设计的过程是怎样的？

4．工作研究的内容包括哪些？

四、实训作业

根据前期成立的模拟企业，调查现有的类似企业中的某个主要产品的具体的工艺阶段与工序是怎样的，并进行流水线规划与设计，最终以调查报告的形式呈现出来，由团队准备汇报。

第3章
生产过程的组织

能力目标

能够合理组织企业的生产过程。

能够选择合适的厂址并合理布局厂区设施。

能够进行生产过程的时间组织。

知识目标

了解生产过程的含义与构成，清楚组织生产过程的要求。

掌握设施选址与设施布置的方法。

掌握生产周期、生产提前期与生产间隔期的确定方法。

本章知识框架

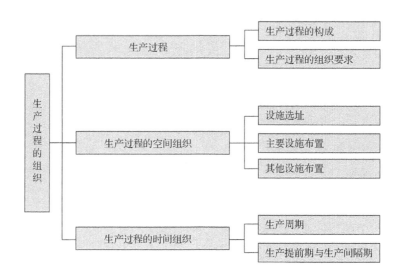

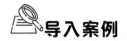 **导入案例**

丰田公司的生产线

丰田公司作为一家推崇持续改进的企业，一直致力于进行各类精益改进项目。丰田公司曾经实施了一项投资金额为数十亿美元的项目，把其在世界各地的组装厂整合成单一的巨大有机体，从而降低了生产每辆车所需的时间和成本。

丰田公司此次想要建立的"全球中型生产平台"，增加了同一条组装线上制造不同车型的数量。如果全球车身生产线能与此平台相配套，丰田公司将具有很强的应变能力，能紧贴变化频繁的汽车市场。这条生产线的投资金额要比它所取代的生产线的投资金额少50%，而且在这条生产线上再生产一辆不同车型的轿车，成本也降低了70%。

具体的方式是丰田公司在其全球化车身生产线的新系统中撤掉了以前从侧面固定车身的两个托架，只保留了顶部的托架，并在同一个场地空间内建造了2个新的车间。在生产时，托架从敞开的顶部伸下，在要焊接的地方固定住车身的侧面。随后，托架从车身中抽出，而车身则在生产线上向后一道工序移动，以便进行下一步的焊接操作，本次焊接不需要特殊工具设备支撑，并可同时安装上车顶盖。通过除去从侧面固定车身的托架，该车身生产线可以让大约600个焊接机器人在较小的空间里工作，其所需场地空间只有旧生产线所需场地空间的一半。这样丰田公司就可以在原来只能容纳1个车间的场地空间内设置2个车间。

试分析：

丰田公司改进生产线后可以获得哪些益处？

企业的生产过程是社会物质财富生产过程的重要组成部分，是企业投入产出转化的最基本的活动过程，也是企业维持生存和发展的基础。生产过程是否合理，对企业生产经营的效率、效益都有巨大的影响。因此，企业必须对生产过程进行合理的组织。本章将介绍生产过程、生产过程的空间组织、生产过程的时间组织等内容。

3.1 生产过程

生产过程是指围绕完成产品生产的一系列有组织的生产活动的运行过程，其概念有广义和狭义之分。广义的生产过程是指从生产技术准备开始，直至将产品制造出来的全部过程。狭义的生产过程是指从投料开始，经过一系列的加工，直至成品被生产出来的全部过程。

▶▶▶ 3.1.1 生产过程的构成

根据对产品生产所起的不同作用，企业的生产过程可分为以下4个方面。

1. 生产技术准备过程

生产技术准备过程是指产品正式投入批量生产之前进行的各种生产技术准备工作的过程，主要包括工艺设计、工艺装备的设计和制造、材料与时间定额的制定等工作。

生产技术准备过程对机械工业、汽车制造工业、无线电工业等比较重要，对冶金、化工等工业则不是十分必要，因为这些工业一般另外具有"附属生产"和"副业生产"的过程。

2. 基本生产过程

基本生产过程是指直接对劳动对象进行加工而制成产品的过程，即产品的加工过程。例如，机械制造企业的毛坯生产、零部件加工、零部件和整机的装配。

拓展阅读

汽车制造的五大工艺流程

第一道：冲压工艺

目的：生产出各种车身冲压零部件。

汽车专用钢板，厚度为 1.0 毫米～1.2 毫米。首先要把开卷后的整卷钢板裁剪成大小不等的几块，分类整理。大小不等的钢材，要经过一道切边工序。然后将裁剪、切边后的钢材分配到各个冲压机上，进行下一步工序。平整的钢材经过冲压机的重新塑造，被压制成车身上的各种冲压零部件。接下来，形状、结构复杂的车身冲压零部件被送到了焊接车间，进入下一道工序。

第二道：焊接工艺

目的：将各种车身冲压零部件焊接成完整的车身。

在焊接车间，各种各样的车身零部件在这里结合到了一起，完成这项工作的是另一项关键工艺——焊接工艺。每一次焊接完成后，工人都要仔细检查焊接情况。现在的车身焊接大多运用工业机器人，如图 3-1 所示。这大大提高了效率并降低了失误的风险。在确认焊接没有问题之后，车身就被送入涂装车间进行下一道工序。

图 3-1　焊接工艺

第三道：涂装工艺

目的：防止车身锈蚀，使车身具有靓丽外表。

组装完成的车身，被吊装到涂装车间，先进行电泳防锈处理。电泳防锈处理完毕后，工人需要清理车身表面，查看是否有缺陷，并为喷漆做准备。由于油漆含有大量有毒物质，而且人工喷漆效率低、易浪费油漆，因此涂装工艺将由工业机器人完成，如图 3-2 所示。喷涂完毕的车身将被送到总装车间进行下一道工序。

图 3-2　涂装工艺

第四道：总装工艺

目的：将车身、底盘和内饰等各个部分组装到一起，形成一辆完整的车。

经过喷漆后的车身只是一个框架结构，在总装车间，工人需要将发动机、变速箱、悬挂系统、轮胎、各种油水管路、各种电气设备、玻璃、座椅、内饰安装齐备并加注油水。通常情况下，好的汽车企业具备发动机研发能力，普通汽车企业往往使用其他厂家生产的发动机。而对于变速箱、悬挂系统、轮胎、玻璃、座椅、内饰等，企业通常都有相应的生产厂家作为供货商。汽车企业只负责最后的组装，一般不负责这些零部件的生产。

第五道：全车检验与试车

目的：做出厂前的最后检验，查看是否有缺陷与故障。

全车组装完成后需要做最后检验，以保证各组装部件准确、可靠。员工需要测试汽车的动力系统、悬挂系统、刹车系统是否良好，各类电气按键是否有效，大灯、雨刮器等部件是否正常等。经过检验合格的车辆会被厂家送至停车区等待出库销售。

基本生产过程是企业的主要生产活动。基本生产过程又可以进一步细分，其结构是基本生产过程—工艺阶段—工种—工序，其中工序是这一结构中的基本单元。所谓工序，是指在一个工作地，由一个或几个工人，对一定的劳动对象进行连续加工的那一部分生产活动。工作地是指工人工作的场地，通常配备一名或几名工人，占有一定的面积，拥有机器设备、工作器具及劳动对象等。

产品生产过程的全部工序按作用的不同通常可以分为工艺工序、检验工序、运输工序 3 类。工艺工序是指使劳动对象发生物理、化学或几何形状变化的工序，检验工序是指对原材料、半成品和成品的质量进行检验的工序，运输工序是指在工艺工序之间或工艺工序与检验工序之间运送劳动对象的过程。工序的划分主要取决于劳动对象的技术要求、加工方法、加工精度和所采用的机器设备，一般不能随意划分，但可进行微调。

3. 辅助生产过程

辅助生产过程是指为了保证基本生产过程正常进行所从事的各种辅助生产活动的过程。例如，企业基本生产所需的动力、工具和维修等工作均属于辅助生产过程。

4. 生产服务过程

生产服务过程是指为了保证生产活动顺利进行所从事的各种服务活动。例如，原材料、半成品和工具的供应、保管和运输、试验和检验等过程，都属于生产服务过程。

上述生产过程的 4 个部分中，基本生产过程占主导地位，其他过程都是围绕着它进行的，因此研究生产过程的组织，主要是研究基本生产过程的组织。

▶▶▶ 3.1.2　生产过程的组织要求

生产过程的组织，就是要以理想的方式将各种生产要素结合起来，对生产的各个阶段、环节、工序进行合理的安排，使其形成一个协调的系统。这个系统的目标是使产品在生产过程中的行程短、时间省、耗能小、效益高，并能按照市场需要生产出适销对路的产品。

为了保证生产过程顺利进行，企业必须对生产过程进行科学、合理的组织。所谓科学、合理地组织生产过程，就是通过生产组织工作，使整个生产过程中的各个工艺阶段、各个生产环节和各个工序之间都能互相衔接、密切配合，有效地协调工作。组织生产过程的目的就是要使产品在生产过程中，行程短、时间省、耗能小、效益高。要达到此目的，企业在组织生产过程中需要遵循以下几个原则。

1. 连续性

生产过程的连续性是指物料处于不停的运动之中，生产过程的各个阶段和各个工序在时间上是紧密衔接、连续不断的，它包括空间上的连续性和时间上的连续性。空间上的连续性要求生产过程中的各个环节在空间布置上合理紧凑，物料行程尽可能短，没有迂回往返的现象。时间上的连续性是指物料在生产过程中的各个环节的运动始终处于流动状态，没有或很少有不必要的停顿与等待现象。

生产过程的连续性是获得良好的技术经济效益的重要条件，因为它可以缩短产品的生产周期，降低在制品库存，加快资金的流转，提高设备和时间的利用率。同时，它还是生产过程均衡性的前提，因此企业应尽力提高生产过程的连续性。

为了提高企业生产过程的连续性，企业首先要按照工艺流程的要求，合理布置企业的各个生产单位，使物料合理流动；其次要组织好生产的各个环节，多采用先进的技术，提高生产过程的机械化、自动化水平，以及优化投料、运输、检验、工具准备、机器维修等过程，使物料不发生停歇。

2. 比例性

生产过程的比例性也可称为协调性，是指生产过程中的各个工艺阶段之间、各个工序之间在生产能力上要保持合理的比例关系，即各个生产环节的工人数、机器设备、生产面积的生产能力都必须互相协调和适应。要保持生产过程的比例性，企业可以充分利用其生产能力，消除瓶颈环节，保证生产过程的连续性，提高生产效率。

为了保持生产过程的比例性，企业在新建投产时，就要根据企业的产品方向、生产规模和生产工艺，正确规定生产过程中的各个环节的生产能力，合理配备生产设备和生产工人。此外，企业需要平衡好日常的生产管理，采取有效措施克服薄弱环节，确保整个生产过程的比例性。

3．均衡性

生产过程的均衡性也可称为节奏性，是指企业产品从投料到完工都能按计划均衡地进行，在规定的一段时间间隔内（月、旬、周、日），完成大致相等或稳定递增的生产量。生产不均衡会造成忙闲不均，既浪费资源，又不能保证质量，还容易引发设备故障与人身事故。均衡地进行生产，可使企业充分利用其人力、物力等生产能力，防止突击赶工，从而缩短生产周期，降低生产成本，提高经济效益。

为了保证生产过程的均衡性，企业在生产设计、工艺、物资、动力、运输、仓库等业务过程中，都需要按照生产过程的节奏要求做好管理工作。企业应加强计划管理，搞好生产技术准备工作，切实组织好原材料、工具、外协件的供应工作。

4．柔性

柔性是指生产过程对市场需求及企业产品方向变化的适应能力，表现为加工制作的灵活性、可变性和可调节性。现代企业生产组织要能适应市场需求的多变性，要能在较短时间内，以最少的资源消耗，从一种产品的生产转换为另一种产品的生产。

企业要做到"柔性"，就必须在企业的整个生产过程中自始至终地贯彻柔性原则，生产设备的加工能力、制造工艺、生产计划、生产作业计划以及生产和管理人员等都要具有柔性，以达到在多品种小批量生产的条件下，企业生产的产品更新快、企业的经济效益高的目的。另外，企业应采用成组技术、柔性制造系统等先进的生产组织技术和方法。

拓展阅读

一家车料有限公司的精益生产布局改善项目

某车料有限公司是国内大型的自行车链轮曲柄的生产和出口基地，该公司生产的链轮、曲柄、碟刹产品有"钢制""铝制"两大系列400多个品种，规格齐全、质量稳定，适合各类自行车、电动车配套使用，同时可与捷安特、普利司通、松下、祭本、力霸皇、富士达、捷马等多家企业的产品配套使用。

一、项目背景

该公司在高速发展的同时，因制造管理粗放积累了很多问题，包括成本浪费严重、生产周期过长、库存水平过高、无法准时交货、工程流程间布局不合理、搬运路程长、搬运费用高、品质不够优秀、流转时间长。因此，该公司希望通过引进丰田管理方式（TOYOTA Production System，TPS）改善其生产布局，以缩短搬运路程，使生产流程顺畅；全线推行铝曲柄准时化生产运作系统（新增热处理、铝金准时化生产运作系统）。

二、项目达成目标及成果

（1）缩短生产周期，提升准时交货率，流转天数由 30.7 天每批次减少到 22 天每批次。

（2）部分成果展示如图 3-3 所示，包括降低库存、缩短搬运路程。

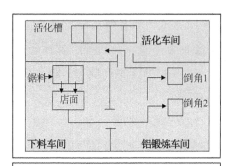
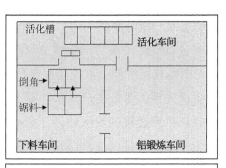

图 3-3　成果展示一

（3）部分成果案例展示如图 3-4 所示，包括质量更稳定，物流更顺畅。

图 3-4　成果展示二

（4）部分成果案例展示如图 3-5 所示，包括提高铝产品质量、环境舒适、流程短、生产有序。

改善前：
铝产品手工氧化、环境脏乱差、劳动强度高、产品质量不稳定、物流周转时间长。

改善后：
铝产品自动氧化、环境清洁、劳动强度低、产品质量稳定、物流周转时间短、生产有序。

图 3-5 成果展示三

（5）部分成果案例展示如图 3-6 所示，包括快速流转物品、有效缩短制程。

改善前：
铝曲柄表面处理后离线异地检验，产品囤积时间过长，流转不及时，多次搬运并影响产品表面质量。

改善后：
下线就近增设检验流水线，铝曲柄表面处理后及时在流水线检验，产品流转及时，提高产品表面质量。

图 3-6 成果展示四

3.2 生产过程的空间组织

生产过程的空间组织主要是指运用各类方法对企业的设施选址、设施布置等进行分析，选择最合适的厂址，并对企业内部的各类设施进行优化布置。

3.2.1 设施选址

设施选址是企业生产运作系统启动的第一步，是指确定在何处建厂或建立服务设施。它不仅关系到设施建设的投资和建设速度，而且在很大程度上决定了所提供的产品和服务的成本，从而影响到企业的生产管理活动和经济效益。不同类型的组织在选址时，需要考虑的因素会因目标差异而不同。一般来说，制造型企业主要追求成本最小化，服务型企业主要追求收益最大化，两者的侧重点不同。

1. 选址的影响因素

选址决策需要考虑的因素有很多，这些因素大致可分为以下 3 类。

（1）经济因素

① 运输条件与费用。

企业的一切生产经营活动都离不开交通运输。原材料、工具和燃料进厂，产品和废物出厂，零部件的协作加工，都涉及大量物料的运输；员工上下班，也需要乘坐交通工具。交通便利能使物料和员工准时到达需要的地点，使生产活动正常进行，还可以与原材料产地和消费市场紧密联系。

企业在输入和输出的过程中会产生大量的运输量。有的企业输入运输量大，有的企业输出运输量大。企业在选址时，要考虑是接近原材料产地更好，还是接近消费市场更好。

接近原材料产地更好时，原材料成本往往占产品成本的比重很大。下述情况的企业应该接近原材料产地：原材料笨重而产品价格低廉的企业，如砖瓦厂、水泥厂、玻璃厂、钢铁冶炼厂和木材厂等；原材料易变质的企业，如水果、蔬菜罐头厂等；原材料笨重且产品由原材料中的一小部分提炼而成的企业，如金属选矿厂和制糖厂等；原材料运输不便的企业，如屠宰厂等。

而另一些企业接近消费市场更好。一般来说，下述情况的企业应该接近消费市场：产品运输不便的企业，如家具厂、预制板厂等；产品易变化和变质的企业，如制冰厂、食品厂等；服务业的大多数企业，如超市、酒店、饭店等。

② 劳动力资源的可获性与成本。

不同地区的劳动力的数量、素质和工资水平等都不同。由于劳动力成本是劳动密集型企业经营成本中十分重要的组成部分，因此，这类企业在选址时必须考虑劳动力成本。企业将厂区设在劳动力资源丰富、工资低廉的地区，可以降低劳动力成本。一些发达国家的企业纷纷在经济不够发达的国家设厂，它们这么做的一个重要原因就是可降低劳动力成本。但是，随着科技的发展，发展中国家低劳动力成本的优势正在逐渐消失，企业越来越需要受到良好教育的劳动力去完成越来越复杂的工作任务。尤其是专业技术人员，他们的技术水平和业务能力直接影响产品的质量和产量。因此，劳动力资源的可获性和成本就成为企业在选址时的重要考虑因素。

③ 能源的可获性与费用。

没有燃料和动力，企业就不能运转。生产型企业既要能够得到能源，还需要能源的稳定供给，以免造成生产的中断。对于耗能大的企业，例如钢铁厂、炼铝厂、火力发电厂，其厂址应该靠近燃料、动力的供应地。

④ 厂址条件与费用。

拟建厂地方的地势、利用情况和地质条件都会影响到建设投资。显然，在平地上建厂比在丘陵或山区建厂造价低很多。在地震区建厂，则所有建筑物和设施都要达到抗震要求。同样，在有滑坡、流沙或下沉可能性的地面上建厂，也需要有相应的防范措施，这些措施都将导致投资增加。地价是影响建设投资的重要因素，城市中心地价高，城郊地价较低，农村地价更低。厂址条件还应考虑协作是否方便，由于专业化分工，企业必然需要与周围其他企业建立密切的协作关系。因此，企业需要综合考虑这些因素。

（2）自然因素

① 地理因素。

地势、利用状况和地质条件都会影响企业的建设投资。例如，企业在平地建厂比丘陵或山区建厂要容易施工，造价也更低；此外，企业选择在荒地上或良田上建厂也会影响到建设投资。

② 气候因素。

气候因素主要是对于需要控制温度、湿度、通风的工厂而言，根据美国制造业协会的资料，气温为 15～20℃ 时人的工作效率较高。有些产品不适合在潮湿或寒冷的气候中生产，如对气候条件敏感的纺织业和乐器业等产业；再如，电影制片厂之所以集中在好莱坞，是因为该地域终年温和而干燥，适于进行室外拍片活动。

（3）社会文化因素

投资建厂需要考虑的社会文化因素包括居民的生活习惯、文化教育水平和生活水平。企业生产的产品和提供的服务一定要适合当地的需要。

在文化教育水平高的地区建厂，不仅有利于招收受过良好教育和训练的员工，而且文化教育水平高的地区也有利于吸引更多的优秀人才前来，这对企业的发展是至关重要的。在经济不发达的地区建厂，企业要关注当地居民的消费文化观念，这对于原料来源、产品销路以及招收员工都有影响。

案例分析

在美国建厂

在美国宾夕法尼亚州的威斯特摩兰县的山区里，人们开车从匹兹堡往东行驶 1 小时，可以看到矗立着的美国制造业复兴的标志。这里原先是一个装配工厂，被废弃后成为充满铁锈的遗址，其工人被解雇或从事其他工作。后来，索尼公司来此发展。现在，威斯特摩兰县有世界上最先进的电子工厂，大规模生产大屏幕彩电。而且，这不是单纯地由美国公司装配日本生产的零部件，该产品中 80% 的零部件是在美国制造的。

为什么索尼公司会选择在宾夕法尼亚州生产彩电呢？美国是世界上最大的彩电市场，特别是大屏幕彩电，索尼公司与其顾客离得越近，其货运成本就会越低。而且，美国有一个强大的工业体系——宽敞的马路、清洁的淡水、教育程度高的工人和许多供应商，以及一个巨大的技术基地——附近的卡内基梅隆大学的技术力量可以帮助索尼公司的工程师制造自动调频电视机的机器人。

长期以来，制造商利用规模经济的优势已建立了大量的巨型工厂，然后把产品运到远处的市场。但是今天，它们的趋势是朝小规模、灵活化、低劳动密集性、接近顾客方面发展。

钢铁和汽车制造与电视机制造一样出现了这种情况。由纽柯钢铁公司、伯明翰钢铁公司及其他公司运营的靠近顾客的、低成本的小型工厂是世界上最有效率的钢铁厂之一。在汽车制造方面，丰田公司、尼桑公司和本田公司在俄亥俄州、田纳西州和肯塔基州的工厂生产出超过 5 万辆的汽车，超过了日本出口到美国的汽车的数量。

分析：外国公司愿意在美国建厂的重要原因是什么？

2. 选址程序

企业的选址决策通常包括以下 4 个步骤。

① 明确企业选址的目标。选址的第一步就是要明确企业选址的目标是什么，然后根据具体的目标，列出评价选址地点优劣的标准。

② 建立相应的评价指标体系。根据具体情况确定选址的标准及选址的方法。

③ 找出可供选择的选址方案，并列出可供选择的地点。

④ 选择合适的选址方案评估方法，评估几种选址方案并做出选址决策。

3. 选址方案评估方法

对选址方案进行评估是选址程序的最后环节。常见的选址方案评估方法有因素评分法、盈亏平衡分析法、线性规划法。

（1）因素评分法

因素评分法是一种既考虑定量因素又考虑定性因素的用以支持选址的方法，其应用较为广泛，具有通俗易懂、操作简便的特点。选址方案涉及许多因素，而每种因素对决策目标的重要性都不同，因此，选址问题可以看成多目标决策问题。因此，因素评分法的价值就在于：对每个备选方案的各种相关因素进行综合评分，从而为评估提供合理的基础，有利于企业对备选方案进行比较和选择。因素评分法在企业进行选址决策时的应用步骤如下。

① 列出相关因素（如市场位置、原材料供应、社区态度、运输条件、环保法规等）。

② 对每个因素赋予一个权重，不同方案的相同因素的权重一致，每个权重代表每个因素的相对重要性，各权重之和为 1。

③ 给所有的因素确定一个统一的评分取值范围（如百分制：1~100），并在这个范围内就每个因素对每个方案进行打分。

④ 将每个因素的得分与其权重值相乘，再把每个方案各因素的乘积数相加，得到各个备选方案的总得分，如公式（3-1）所示。

$$S_j = \sum_{i=1}^{m} W_i \times F_{ij} \qquad\qquad j = 1, 2, 3, \cdots, n \qquad\qquad (3\text{-}1)$$

式中：

S_j——地址 j 的总得分；

W_i——选址因素 i 的权重；

F_{ij}——地址 j 的第 i 个选址因素的得分；

n——地址的数目；

m——选址因素的数目。

⑤ 比较各个备选方案的总得分，选择总分最高的方案。

【例 3-1】同利公司准备扩大生产规模，继续生产汽车零部件，因此需要新建厂房，现有 3 个备选方案可供选择。现公司专家首先根据实际情况对各选址因素的重要程度给出权重，如表 3-1 所示。

表 3-1　各因素权重

选址因素	权重	备选厂址得分		
		A	B	C
运输条件与费用	0.3			
人力资源费用	0.3			
能源条件	0.1			
厂址条件	0.05			
政治法律	0.1			
自然环境	0.1			
社会文化	0.05			
合计	1			

接着，公司根据上述标准对每个备选厂址的各项选址因素分别打分，打分结果如表 3-2 所示。

表 3-2　因素分析法应用

选址因素	权重	备选厂址得分		
		A	B	C
运输条件与费用	0.3	80	60	70
人力资源费用	0.3	90	80	70
能源条件	0.1	70	80	90
厂址条件	0.05	80	70	90
政治法律	0.1	80	80	70
自然环境	0.1	70	80	80
社会文化	0.05	90	80	90
合计	1	81.5	73.5	75

最后，根据公式（3-1）计算每个备选厂址的总分数：

$$S_A = 0.3 \times 80 + 0.3 \times 90 + \cdots + 0.05 \times 90 = 81.5$$

同理，$S_B = 73.5$，$S_C = 75$。

因此，最佳方案是厂址 A。

（2）盈亏平衡分析法

盈亏平衡分析法可以用来评价不同的选址方案，企业经营中的总成本可分为固定成本（F）和可变成本（V），任何选址方案都有一定的固定成本和可变成本。固定成本在一定条件下不随经营规模的变化而变化，如企业管理费、固定资产折旧等。可变成本随着经营规模的变化而变化，如材料费、单位服务费或加工费等。盈亏平衡分析法的基本图形如图 3-7 所示。

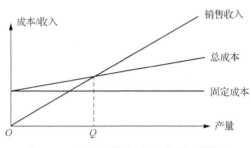

图 3-7　盈亏平衡分析法的基本图形

由图 3-7 可知，在一定范围内，经营规模（产量）增加时，由于单位产品分摊的固定成本减少，总成本将等于或小于销售收入；当销售收入等于总成本时，即总成本曲线与销售收入曲线的交点为盈亏平衡点。当企业的生产规模低于盈亏平衡点的产量（Q）时，企业就会出现亏损；当企业的生产规模高于盈亏平衡点的产量时，企业则会盈利。因此，企业可以通过建立销售收入等于总成本的等式来计算盈亏平衡点的产量，如公式（3-2）所示。

$$P \times Q = V \times Q + F$$
$$Q = \frac{F}{P - V} \tag{3-2}$$

式中：

F——固定成本；

V——单位可变成本；

P——单位产品售价。

【例 3-2】一家企业在选址时，有甲、乙两个备选方案符合选址要求，该企业选址备选方案的数据资料如表 3-3 所示，该企业预测市场需求为 8 000 件，若产品单价不变，试确定较优的方案。

表3-3　企业选址备选方案的数据资料

项目	单位	可选择的厂址方案	
		甲	乙
总成本	元	220 000	250 000
固定成本	元	100 000	150 000
可变成本	元	120 000	100 000
单价	元	25	25
单位变动成本	元/件	12	10
盈亏平衡点的产量	件	7 692	10 000

【解】

甲方案：$Q = F/(P-V) = 100\ 000/(25-12) \approx 7\ 692$（件）

乙方案：$Q = F/(P-V) = 150\ 000/(25-10) = 10\ 000$（件）

将有关数据代入公式（3-2），计算盈亏平衡点的产量，可以得出甲方案的盈亏平衡点的产量为7 692件，乙方案的盈亏平衡点的产量为10 000件。由此可见，当预期市场需求为8 000件时，盈亏平衡点的产量小于8 000件的甲方案处于盈利状态，甲方案为最佳选址方案。

（3）线性规划法

运输表法是线性规划法中的一种。当企业涉及以多个供应地运输货物到多个需求地（分销中心）时，该企业就适合用此种方法进行选址决策。这类问题的目标是将 N 件货物运输到 M 个目的地的成本最小化，约束条件为始点的实际输出不能超过其产出能力，终点的实际输入不能超过其接受能力或需求。

当然，如果一个工厂仅有一个原材料供应地，则只要用供应地的原材料生产成本加上将货物从原材料供应地运输到该工厂的运输成本，就可以计算出供应成本。计算所有备选厂址的供应成本，然后进行比较，就可以得出最优的选址方案。

【例3-3】 已知某企业有两处工厂 A 和 B，服务 4 个分销中心 N_1、N_2、N_3 和 N_4。现需求量扩大，需要再建一个新厂。已知有两个备选方案 C 和 D，试在方案 C 和 D 之间选择一个最佳厂址。各厂单位产品的生产和运输费用的总成本如表3-4所示。

表3-4　某企业各厂单位产品的生产和运输费用的总成本

出发地	目的地				年产量/台
	N_1（万元）	N_2（万元）	N_3（万元）	N_4（万元）	
A	8.00	7.80	7.70	7.80	700
B	7.65	7.50	7.35	7.15	550
C	7.15	7.05	7.18	7.65	1 250
D	7.08	7.20	7.50	7.45	1 250
需求量/台	400	800	700	600	—

【解】

（1）假设新厂址选在 C 处。观察费用最小的数字，得到 C 行 N_2 列的交叉处的费用为 7.05 万元，那么，首先建立工厂与分销中心 N_2 的联系，表示由 C 厂供应 N_2 最优，于是先满足 N_2 的需求 800 台，余下的 450（1 250-800）台再分配给其他的分销中心，**N_2 列不再考虑。**

（2）再观察费用次小的组合，得到结果为两处，C 行 N_1 列和 B 行 N_4 列的交叉处的费用都是 7.15 万元，可以安排 C 厂供应 N_1，B 厂供应 N_4。N_1 列需求全部得到满足，且 C 厂还剩余 50 台，**N_1 列不再考虑。**B 厂全部供应给 N_4，且没有剩余，**B 行不再考虑**，N_4 还差 50 台没有得到满足。

（3）在剩下的 N_3 和 N_4 列中寻找费用最小且还在考虑范围内的组合。得到 C 行 N_3 列交叉处费用为 7.18 万元。C 厂剩余的 50 台供应给 N_3，**C 厂分配完，不再考虑。**

（4）由于 B 行已不再考虑，因此，N_3 余下的需求量 650 台由 A 厂来供应，**N_3 得到满足，不再考虑。**

（5）最后，A 厂剩下的 50 台刚好供应给 N_4，至此，各厂和各分销中心分别完成发货和进货，且发货量和进货量的总和相等。新厂设在 C 处时所有产销量的分配情况如表 3-5 所示。

表 3-5　新厂设在 C 处时所有产销量的分配情况

出发地	目的地								年产量/台
	N_1（万元）		N_2（万元）		N_3（万元）		N_4（万元）		
A	8.00	—	7.80	—	7.70	—	7.80	—	700
	—	—	—	—	（4）	650	（5）	50	
B	7.65	—	7.50	—	7.35	—	7.15	—	550
	—	—	—	—	—	—	（2）	550	
C	7.15	—	7.05	—	7.18	—	7.65	—	1 250
	（2）	400	（1）	800	（3）	50	—	—	
需求量/台	400		800		700		600		—

因此，新厂若设在 C 处的总成本为：

C_C=7.15×400+7.05×800+7.70×650+7.18×50+7.80×50+7.15×550=18 186.5（万元）

若新厂设在 D 处，计算方法与上述相同，所有产销量的分配情况如表 3-6 所示。

表 3-6　新厂设在 D 处时所有产销量的分配情况

出发地	目的地								年产量/台
	N_1（万元）		N_2（万元）		N_3（万元）		N_4（万元）		
A	8.00	—	7.80	—	7.70	—	7.80	—	700
	—	—	—	—	（5）	700	—	—	
B	7.65	—	7.50	—	7.35	—	7.15	—	550
	—	—	—	—	—	—	（2）	550	

出发地	目的地								年产量/台
	N_1（万元）		N_2（万元）		N_3（万元）		N_4（万元）		
D	7.08	—	7.20	—	7.50	—	7.45	—	1 250
	（1）	400	（3）	800	—	—	（4）	50	
需求量/台	400		800		700		600		—

C_D=7.08×400+7.20×800+7.70×700+7.15×550+7.45×50=18 287（万元）

由于 $C_C<C_D$，因此最终选择厂址 C。

补充说明：本案例属于产销平衡问题，若产销不平衡，我们可以通过增加产地或者销地的方法将其转化为产销平衡问题。

▶▶▶ 3.2.2 主要设施布置

设施布置是指在一个给定的设施范围（如工厂、车间、餐厅）内，对多个经济活动单元进行位置安排，以确保企业工作流及物流流畅通顺。由于设施布局需要投入大量资金和精力，且具有一定的长期性，因此企业设施布置得合理与否，将会对企业生产运作的成本和效率、设施的利用率以及生产运作战略的实施产生一定的影响。

1. 设施布置的基本问题

设施布置的目的是对企业内的各种物质设施进行合理安排，使它们组合成一定的空间形式，从而有效地为企业的生产运作服务，以使企业获得更好的经济效益。设施布置在设施位置选定之后进行，它确定了组成企业的各个部分的平面或立体位置，并相应地确定了物料流程、运输方式和运输路线等。具体地说，设施布置要考虑以下几个问题。

① 设施应包括哪些经济活动单元？这个问题取决于企业的产品、工艺设计要求、企业规模、企业生产的专业化水平与协作化水平等多种因素。

② 各个经济活动单元需要多大的空间？空间的大小可能会影响生产效率，影响工作人员的活动，有时甚至容易引起人身事故。空间太大，则是一种浪费，同样会影响生产效率，并且使工作人员之间的距离拉长，产生不必要的疏远感。

③ 各个经济活动单元的空间的形状如何？每个经济活动单元的空间大小、形状以及结构是紧密相关的。例如，一个加工单元应包含几台机器，这几台机器应如何排列，占用多大空间等，我们应对其进行综合考虑。而机器如何排列则需要根据设施车间的形状来决定，根据设施空间的不同形状，机器可以是一字形排列，也可以是 U 形或三角形排列。在办公室布置中，办公桌的排列与此相类似。

④ 各个经济活动单元在设施范围内的位置如何？在设施布置时，我们要充分分析、综合考虑，合理地确定每个经济活动单元的绝对位置和相对位置。相对位置的重要意义在于它关系到物料流动路线是否合理，是否能节约运费与时间，以及通信联络是否方便。

同时，我们还要考虑内部经济活动单元与外部的联系。例如，将出入口的单元布置在靠近企业设施的主干道边。

2. 设施布置的基本类型

设施布置的基本类型包括工艺专业化布置、对象专业化布置、混合布置、定位布置和单元布置。

（1）工艺专业化布置

工艺专业化布置是企业按照生产工艺的特点来设置生产单位，设施系统能够满足加工多种产品或提供多种服务的需求。工艺专业化布置的目的在于，当企业加工或提供的产品或服务的品种较多，每种产品的产量都不是很大的时候，企业能够有序地生产。例如，机械加工企业中的锯床组、车床组、刨床组、钻床组等，需要工件按照特定的顺序成批地进入这些工艺。工艺专业化布置的示意图如图3-8所示。

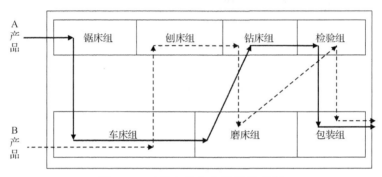

图 3-8　工艺专业化布置的示意图

工艺专业化布置的特点是生产单位内包括同类设备、同工种的工人、相同的工艺方法，只是加工对象不同。这种设施布置类型适用于多品种中小批量生产的企业。

（2）对象专业化布置

对象专业化布置是指各基本车间独立完成产品、零部件的全部或大部分工艺过程，这种布置类型使大量产品能顺利且迅速地生产出来，设备按某种或几种类似产品的加工路线或加工顺序依次排列，通常称为生产线。对象专业化布置的示意图如图3-9所示。

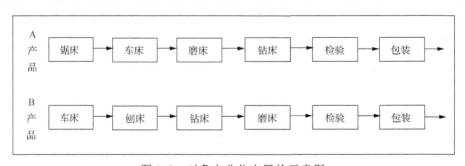

图 3-9　对象专业化布置的示意图

对象专业化布置的形式有两类，即以成品或零部件为对象的专业化形式和以同类零部件为对象的专业化形式。对象专业化布置的典型实例就是生产线和装配线。生产线是指在一系列机器上制造零部件或成品，如制造洗衣机的金属零部件或生产啤酒。装配线是指在各工作地把各种零部件装配起来，如汽车总装。由于企业的主要设施按对象原则布置，其生产往往具有较强的连续性，因此这为企业采用先进的生产过程组织形式（流水线、自动化）创造了条件。

对象专业化布置的特点是生产单位内包括不同类设备、不同工种的工人、不同的工艺方法，但是加工对象相同，一般适用于标准化程度高的产品制造型企业。

工艺专业化布置与对象专业化布置的区别如表3-7所示。

表3-7 工艺专业化布置与对象专业化布置的区别

比较项目	工艺专业化布置	对象专业化布置
生产设备	集中同类设备	集中不同类设备
工人工种	同工种	不同工种
工艺方法	相同工艺方法的加工	不同工艺方法的加工
完成工艺过程	完成部分工艺过程或部分工序，属于协作型生产	基本独立完成全部或大部分工艺过程，属于封闭型生产
适宜范围	适用于专业化程度较低的单件生产或小批生产类型	适用于专业化程度较高的大量生产或大批生产类型

（3）混合布置

在实际应用中，企业可以按工艺或产品原则来布置生产现场，但更多的企业是综合采取两种或两种以上形式的布置方式，这种布置类型称为混合布置。按工艺原则布置和按产品原则布置代表着从小批量到连续生产这一系列的两端，按工艺原则布置更有利于满足顾客对特定产品的需求。

许多产品有一定的批量，但还不足以形成单一生产线，而系列产品常有加工类似性，故为使单件生产的情况下完全"无序"的设施布置在某种程度上"有序"，企业可采用混合布置。例如，企业对零部件采用工艺专业化布置，在装配车间采用对象专业化布置。

拓展阅读

丰田公司成功采用混合生产线

以生产高级轿车和轻型卡车久负盛名的丰田公司决定在美国生产小型厢式货车。为尽快投产，丰田公司在其位于肯塔基州的乔治敦的一家制造厂做出了惊人之举，决定在凯美瑞（Camry）汽车的工作地上同时生产塞纳（Sienna）小型厢式货车。

尽管 Camry 和 Sienna 用的是同样的底盘，并且有50%的零部件是相同的，但二者差别很大。每辆 Sienna 在装配线上会占用更大的空间，需要更多、更大的零部件。别的汽车制造商可能要将制造厂关停几个月以进行此类调整，但丰田公司必须行动迅速，因为延迟会给 Camry 旺盛的销售势头带来不利的影响。

在装配线上的 300 个工作地中，Sienna 需要 26 个工作地加工其零部件，但仅需要 7 个新的生产工序……为节省时间，丰田公司决定不再增加工作地。它挑选两组工人，每组交替轮班，在原有生产线的 7 个工作地上负责加工 Sienna 的零部件。同时，工程师与工人协同工作，设计了辅助设备。丰田公司通过对装配线的改革，即采用混合生产线，将产品的投产时间缩短了 3 年。

（4）定位布置

定位布置是指加工对象不动，人员、材料和设备根据需要移动的布置类型。由于重量、体积或其他一些因素使得移动产品不现实或难度极大，产品或加工对象需要停留在某个地方，工人则带着材料和设备向其移动并在该位置作业。

定位布置广泛应用于耕种、消防、大型建设项目（筑路、建筑、修坝、钻探石油）及船舶、飞机的制造等方面。与工艺专业化布置和对象专业化布置相比，定位布置处理的是单件生产或极小批量生产的产品，且产品是固定不动的。定位布置常常面临车间限制问题，因此使用这种布置类型时，企业应该把注意力放在对材料和设备的运送时间的控制上，以避免堵塞工作场地。

（5）单元布置

① 成组加工单元。

成组加工单元就是在一个生产单位内，配备某些不同类型的加工设备，完成一组或几组零部件的全部加工任务，且加工顺序在组内可以灵活安排。成组加工单元符合对象专业化布置特点，也可以被看作对象专业化布置的进一步发展。

成组加工单元与传统的机群式相比，仅由几台机床组成，但可以完成多种零部件的全部工序加工，它和流水线的形式相似。成组加工单元内的机床基本上是按零部件组的统一工艺过程排列的，它具有流水线的许多优点，但它并不要零部件在工序间进行单向依次移动，即零部件不受生产节拍的控制，被允许在成组加工单元内任意流动，具有相当大的灵活性。目前，成组加工单元已成为中小批量生产企业中实现高度自动化的有效手段。

② 柔性加工单元。

柔性加工单元是成组技术与数控技术相结合的产物，如图 3-10 所示。在柔性加工单元中，产品、零部件或加工工艺变化时，企业不必对设备或生产线进行大的变更，而只要变更某些控制程序就可以适应新的产品、零部件和新的工艺加工方法的需要。

与成组加工单元相比，柔性加工单元具有以下特点。

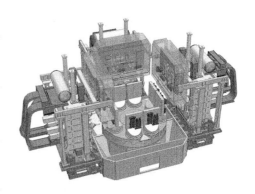

图 3-10　柔性加工单元

- 加工机床为数控机床或数控加工中心。
- 传递装置为自动传送系统或自动抓握装置。
- 工件和刀具可自动传递、装卸。
- 采用集中数控或由计算机控制。

3. 设施布置的方法

（1）物料运量图法

物料运量图法（或从至表法）是按照生产过程中物料的流向及生产单位之间的运输量来布置企业的车间及各种设施的相对位置的方法。为了使物料运输量减少，相互运输量大的车间应布置得近一些，反之，相互运输量小的车间可以布置得远一些。根据物料运输量大小进行工厂总平面布置有利于降低运输费用和提高效率。

接下来，我们通过【例3-4】的物料运量表来详细分析物料运量图法的应用步骤。

【例3-4】运用物料运量图法进行车间的布置。

第一步：根据原材料、在制品在生产过程中的流向，初步布置各个生产车间和生产服务单位的相对位置，绘制出初步物流图。

第二步：统计车间之间的物料运输量，制订物料运量表，如表3-8所示，并对各车间的物料运输量进行合并，合并后的物料运量表如表3-9所示。

表3-8　每日物料运量表

车间	车间						合计
	A	B	C	D	E	F	
A		6		2	2	4	14
B			6	4	3		13
C	6			6	4	4	20
D		6			2	4	12
E				1			1
F	3	4					7
合计		15	16	13	11	12	67

表3-9　合并后的物料运量表

车间	车间						合计
	A	B	C	D	E	F	
A		6		2	2	4	14
B			12	4	3	3	22
C				12	4	8	24
D					3	4	7
E							
F							
合计							67

第三步：按运输量大小进行初步布置，物料运量图如图3-11所示，将相互运输量

大的车间安排在相邻位置，并根据其他因素进行改进和调整，工厂布置示意图如图 3-12 所示。

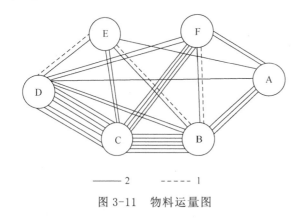

E	F	A
D	C	B

图 3-11 物料运量图　　　　　图 3-12 工厂布置示意图

由图 3-11 可知，C 车间与 B、D、F 车间之间的运输量较大，且 C 车间是问题的中心，因此应优先考虑安排 C 车间，并尽可能将 B、D、F 车间布置得靠近 C 车间。工厂布置可分两个阶段：第一阶段暂时不考虑各单位的具体面积，只根据相互间的运输量大小确定各单位的相对位置，得出图 3-12 所示的工厂布置示意图；第二阶段把各单位的具体面积反映到工厂布置示意图中，结合实际的厂区平面图完成最终布置。

（2）作业相关图法

作业相关图法是由穆德提出的，是根据企业各组成部分之间的关系密切程度布置位置的方法。企业各组成部分之间的关系密切程度一般可分为 6 个等级，如表 3-10 所示。另外，不同关系密切程度的原因类别如表 3-11 所示。

表 3-10 关系密切程度划分

代码	关系密切程度	评分标准/分
A	绝对重要	6
E	特别重要	5
I	重要	4
O	一般	3
U	不重要	2
X	不宜靠近	1

表 3-11 不同关系密切程度的原因

代号	不同关系密切程度的原因	代号	不同关系密切程度的原因
1	使用公共记录	5	文件交换频繁
2	共用人员	6	工作流程连续
3	共用场地	7	做类似的工作
4	人员接触频繁	8	共用设备

接下来，我们通过【例3-5】来详细分析作业相关图法的应用步骤。

【例3-5】运用作业相关图法来进行生产相关部门的设施布置。

第一步：绘制作业相关图。

作业相关图可以比较清楚地展示各生产相关部门之间的关系性质，如图3-13所示。企业根据作业相关图可以方便地了解每个部门与其他部门的关系。

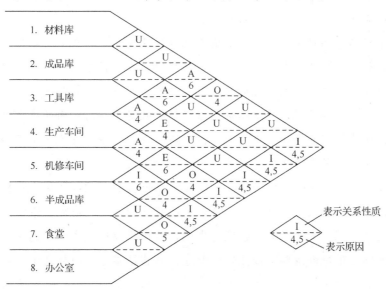

图 3-13　作业相关图

企业从图3-13中可以方便地找到每个部门与其他7个部门的关系，每个菱形由两个部门发出的平行线交汇形成，各部门交叉处菱形中上方的英文字母表示这两个部门之间的关系性质（关系密切程度），其中 A 表示绝对重要，U 表示不重要。菱形下方的数字表示两个部门之间关系密切的原因，其中，U 表示部门之间关系不重要，因此下方不需要填写表示关系密切原因的数字。举例来讲，最右边的菱形表示材料库与办公室之间的关系，代码为"I"表示两者之间的关系密切程度为"重要"，数字"4，5"表示两者之间的关系密切程度为重要的原因有两个，一是人员接触频繁，二是文件交换频繁。

第二步：计算相关程度积分。

在确定某一部门的积分值时，要依照表3-10中各种关系性质的评分标准，把表示各种关系性质的代码量化，并与表示相同关系性质的个数相乘，最后将其与该生产部门相关的各类相关程度评分加起来即可。本例计算结果如表3-12所示。

表 3-12　生产车间积分表

相关程度及原因	相关程度积分/分
A（1，2，3，5）	6×4=24
E（6）	5×1=5
I（8）	4×1=4
O（7）	3×1=3
合计	36

表 3-12 中，括号内数字为生产部门序号，如代码"A"后面的括号中有 4 个数字，表示与生产车间相关程度为"绝对重要"的生产部门有材料库、成品库、工具库和机修车间。

同样可以计算出其他部门的相关程度积分，分别为材料库 21 分，成品库 20 分，工具库 23 分，机修车间 27 分，半成品库 20 分，食堂 16 分，办公室 25 分。

第三步：布置各生产部门的相对位置。

布置各生产部门相对位置的基本原则是积分值最高的部门应安排在厂区（场所）的中间区域。例如，本例中的生产车间（36 分）需安排在厂区中心；其他部门应依据它们与中心部门的相关性质以及互相之间的关系来安排，如果一个部门与中心部门的关系性质为 A，这个部门就应该围绕着中心部门布置，如果两个部门之间的关系性质是 X，那么这两个部门就应该布置得远一点。例如，机修车间（27 分）与生产车间的关系密切程度为 A，且其积分较高，需要安排得离生产车间近一点。

作业相关图法的优点是企业在确定部门间相对位置时考虑到了多个目标。其局限性是在布置过程中，布置人员存在主观因素，因而缺乏准确性，可靠性较低。这种方法虽然只考虑了生产部门之间业务联系的紧密程度，但是可以把联系密切的生产部门安排在相邻位置，起到缩短运输距离的作用，因此这种方法基本上可以帮助企业解决平面布置问题。

▶▶▶ 3.2.3 其他设施布置

1. 仓库布置

仓库布置是指企业对承担仓储作业流程的各个部分在仓库空间中的相对位置、物品存放方式及各种设备所做的设计和安排。仓库布置的目的是在物料处置成本和仓库空间需求之间寻找最优平衡。一般情况下，仓库的空间需求如图 3-14 所示。

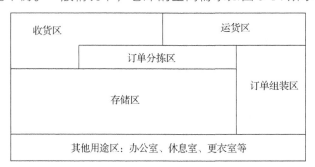

图 3-14　仓库的空间需求

物料处置成本包括物料运输入库、验收、分拣、组装、存储、运输出库的费用，企业通过仓库布置可以缩短存取货物的时间、降低仓储管理成本，还可以减少仓库中损坏和腐烂的货物的数量。企业在进行仓库布置时通常需要遵循以下 8 条准则。

① 尽可能采用单层，因为这样不仅造价低，资产的平均利用率也高。

② 使货物在出入库时直线或直接流动，以避免逆向操作和低效运作。

③ 在物料搬运设备大小、类型、转弯半径限制的情况下，尽量减少过道所占的空间。

④ 尽量利用仓库的高度，有效地利用仓库的容积。

⑤ 应当将吞吐量大的货物存放在员工容易存取它们的地方，即靠近运货区或不太高也不太低的地方，或者存放在仓库过道两旁或靠近仓库门口的位置。

⑥ 应当将体积大的货物安置在靠近运货区的位置以减少搬运时间。

⑦ 如果货物的装载体积超过其有序存储时的体积，则将这些货物安置在靠近运货区的地方以减少处理成本。

⑧ 仓库内物资的存储区应当按照存储货物的周转速度和产品大小来设计，而不是单纯地、片面地设计所有的存储货架和仓储工具，这样可以有效地利用仓库内部空间。

2．办公室布置

办公室布置的内容主要是确定人员座位的位置和办公设施的合理配置。企业在进行办公室布置时需要考虑两个主要因素。一是信息传递与交流的迅速、方便。这既包括各种书面文件、电子信息的传递，也包括人与人之间的信息传递和交流。对于需要跨越多个部门才能完成的工作，部门之间的相对位置也很重要。二是人员的劳动生产率。当办公室人员主要是由高层次的专业技术人员构成时，劳动生产率的提高就具有更重要的意义。而办公室布置会在很大程度上影响办公室人员的劳动生产率。

尽管办公室布置根据办公室空间的大小、人员的数量、行业、工作任务的不同有多种模式，但是归纳起来，它大致可以分为以下几种模式。

（1）封闭式办公室模式

传统的封闭式办公室模式是指办公楼被分割成多个小房间，各房间安排的人员为一个或者少数几个。该模式通常适合于有多个职能部门存在的情况。显然，这种布置可以保证工作人员有足够的独立性以及工作内容有足够的安全性，而且各部门之间相互隔离，使办公室成为一个安静的工作环境。但其缺点是不利于人与人之间的信息交流和传递，容易使人与人之间产生疏远感，也不利于上下级之间的沟通。此外，工作人员的工作情况不易被看到，工作人员容易消极怠工。总之，是否采取封闭式办公室布置要看企业决策者的价值取向。例如，财务部门、经理或董事长办公室是办公室中的工作人员工作比较特殊的，涉及账务、现金和企业的商业秘密等重要文件和信息，所以需要独立的办公空间。

（2）开放式办公室模式

开放式办公室模式是指空间的融合，这是近些年发展起来的一种办公室布置模式。一间很大的办公室可以同时容纳一个或几个部门的十几人、几十人甚至上百人共同工作。这种布置方式不仅方便同事之间交流，也有利于上下级沟通，另外还具备节省办公室面

第3章 生产过程的组织

积、提高办公效率以及提高工作人员的自觉性等优点，但这种模式的一个弊端是同事间会相互干扰。

为了兼顾两者的优点，摒弃两者的缺点，现在出现了在开放式办公室模式的基础上，带有半截屏风的组合办公室模式。这种布置既利用了开放式办公室模式的优点，又在某种程度上避免了开放式办公室模式情况下的相互干扰的弊病。而且，这种模式使布置有很大的灵活性，企业可随时根据实际情况进行调整和布置，且改变布置的费用较低。

在很多组织中，封闭式办公式模式和开放式办公式模式常常是结合使用的，特别是一些大型的企业。当企业提出一项比较复杂的目标任务时，需要从各个部门抽调一些工作人员临时组成一个团队，并且让他们在一起办公，以提高工作效率，加快任务进程。例如，20 世纪 80 年代，在西方国家出现了一种被称为"活动中心"的新型办公室布置模式。每一项相对独立的工作都在一个活动中心完成，工作人员根据工作任务的不同在不同的活动中心之间流动，但每个人仍保留有一个小小的传统式办公室。显而易见，这是一种比较特殊的封闭式办公室模式和开放式办公室模式相结合的布置形式，较适合于项目型大型企业的办公室布置。

（3）远程办公模式

随着信息技术的迅猛发展，现在出现了一种更新型的办公室——"远程办公"，正在从根本上冲击着传统的办公方式。所谓"远程办公"，是指利用信息网络技术，将处于不同地点的人们联系在一起，以共同完成工作。例如，人们可以在办公室或家里办公，也可以在异地办公，或者在飞机、火车上办公等。

3. 零售超市布置

零售超市布置的目的是使店铺的单位面积收益达到最大。由于店铺展示率影响销售和投资回报率，所以零售超市应提供给顾客尽可能多的购物信息。

零售超市布置应符合顾客行为的要求。首先，商品的摆放位置应按照顾客的心理来确定，将顾客认为相关联的商品摆放在一起，如食品类商品、日用品类商品等；其次，为顾客提供更多的购物信息，激发顾客的购物欲望，一般将顾客需求刚性最大的食品类商品摆放在最里面，这样设计的路线可以使顾客接触到尽可能多的商品。另外，大型的零售超市应该提供停车场以及通畅的出入口。超市外面还应该提供顾客休息区、私人物品寄存区、排队等待区等。总而言之，零售超市布置应遵循以下原则。

① 将顾客常购的商品布置在商店的四周。例如，许多超市将奶制品摆放在超市的一侧，而将面包和烘焙食品摆放在另一侧。

② 将利润高的耐用商品摆放在醒目的位置。顾客购买这类商品的频率不高，应尽可能吸引顾客的注意和兴趣，以引起其购买欲望。

③ 设置堆头销售区域。这里一般放置具有价格优势、销售量大的商品，以吸引顾客购买。

④ 合理设计顾客购物时的行走路线，以商品不重复、顾客不走回头路的设计思想来摆放货架。

⑤ 将"能量商品"（能决定顾客购物时的行走路线的商品）放置在过道两边。

⑥ 将即兴购买的商品摆放在靠近出口的收银台附近，如口香糖之类的商品。

⑦ 仔细地布置零售超市的出入口处，会给零售超市整体带来意想不到的效果，一些零售超市将烘焙食品和熟食故意摆在超市前部以吸引那些想买现成食品且图方便的顾客。

目前，零售超市布置基本为两种形式。一是矩阵布置，即将商品货架按矩形排列，店内通道直线布置。这种布置成本较低，并可以得到更大的展示空间，适用于仓储式超市，如麦德龙。二是斜角布置，即将商品货架按菱形、三角形或梯形排列，店内主干道按直线布置，次干道按 V 字形排列。这种布置视线开阔，便于顾客在进入超市后查找商品。

3.3 生产过程的时间组织

合理组织生产过程不仅要求生产过程中的各生产单元在空间上布置合理，而且要求劳动对象在车间之间、工段之间、工作地之间的运动在时间上也互相配合和衔接，以最大限度地提高生产过程的连续性和节奏性，缩短生产周期。

这就需要企业采用系统分析和科学管理的方法进行生产过程的时间组织。

▶▶▶ 3.3.1 生产周期

生产周期是指产品从原材料投入生产起一直到成品出产为止所经历的全部时间。产品的生产周期由各个零部件的生产周期所组成，零部件的生产周期由该零部件在各个工艺阶段或工序的生产周期所组成。

加工装配型企业的生产周期与零部件在工序间的移动方式有关。当一批零部件投产后，零部件在工序间采用不同的移动方式，生产平行程度（平行交叉作业）越高，成批等待时间就越少，生产周期也越短。一批零部件在工序间移动的方式有 3 种：顺序移动方式、平行移动方式、平行顺序移动方式。

1. 顺序移动方式

顺序移动方式是指一批产品（或零部件）在上一道工序全部加工完毕后才能整批地转入下一道工序。它的特点是一道工序在加工，其他工序在等待。若将各工序间的运输、等待加工等停歇时间忽略不计，该批产品或零部件的生产周期的计算方式如公式（3-3）所示。

$$T_{顺} = n\sum_{i=1}^{m} t_i \qquad\qquad (3\text{-}3)$$

式中：$T_{顺}$——顺序移动方式的生产周期；

t_i——第 i 道工序的单件生产时间；

m——生产工序数；

n——生产零部件数。

接下来，我们可以通过【例 3-6】更直观地理解顺序移动方式。在运用这种方式进行生产时，设备开动、工人操作是连贯的，不存在间隔时间，但是对每一个零部件而言，在转序时没有连续加工，存在工序间的等待时间，因此此时生产过程的组织比较简单，零部件的移动次数虽少，但是生产周期较长。

【例 3-6】一批制品，批量为 4 件，经过 4 道工序进行加工，每道工序的单件加工时间分别：t_1=10 分钟，t_2=5 分钟，t_3=15 分钟，t_4=10 分钟。试计算采用顺序移动方式时的生产周期。

【解】根据要求绘制顺序移动方式示意图，如图 3-15 所示。

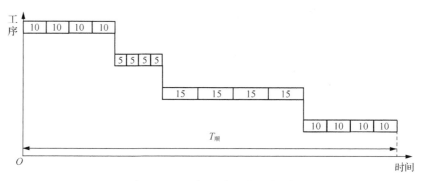

图 3-15　顺序移动方式示意图

根据公式（3-3）计算生产周期：

$$T_{顺} = n\sum_{i=1}^{m} t_i = 4\times(10+5+15+10) = 160\ （分钟）$$

顺序移动方式的优缺点与适用条件如下所示。

① 优点：运输次数少、设备加工过程连续。

② 缺点：零部件等待时间长、在制品占比较大，生产周期长。

③ 适用条件：批量不大，单件加工时间较短，生产单位按工艺专业化布置且距离较远。

2. 平行移动方式

平行移动方式是指一批制品中的每个零部件在上一道工序完工后，立即转移到下一道工序进行加工，前后工序形成交叉作业状态。因此，平行移动方式下的生产周期的计算方式如公式（3-4）所示。

$$T_{\text{平}} = \sum_{i=1}^{m} t_i + (n-1)t_{\max} \qquad (3-4)$$

式中：$T_{\text{平}}$——平行移动方式的生产周期；

t_i——各工序单件加工时间；

$t_{\max}$——各工序单件加工时间中最大者；

m——生产工序数；

n——生产零部件数。

接下来，我们可以通过【例 3-7】更直观地理解平行移动方式。

【例 3-7】一批制品，批量为 4 件，经过 4 道工序进行加工，每道工序的单件加工时间分别为 t_1=10 分钟，t_2=5 分钟，t_3=15 分钟，t_4=10 分钟。试计算采用平行移动方式时的生产周期。

【解】根据要求绘制平行移动方式示意图，如图 3-16 所示。

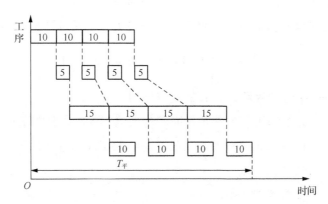

图 3-16　平行移动方式示意图

根据公式（3-4）计算生产周期：

$$T_{\text{平}} = \sum_{i=1}^{m} t_i + (n-1)t_{\max} = (10+5+15+10) + (4-1) \times 15 = 85（分钟）$$

从图 3-16 可以看出，采用平行移动方式时的生产周期比采用顺序移动方式时的生产周期短，但运输次数会增加。此外，平行移动方式会出现设备忙闲不均的现象，设备利用率比采用顺序移动方式时低。如果前一道工序的单件加工时间大于后一道工序的单件加工时间，则后一道工序的设备将会出现空闲状态；反之，当前一道工序的单件加工时间小于后一道工序的单件加工时间，零部件会在后一道工序出现等待现象。

平行移动方式的优缺点与适用条件如下所示。

① 优点：生产周期短，在制品库存少。

② 缺点：运输次数多，当前后工序的单件加工时间不相等时，存在设备空闲和在制品等待的情况。

③ 适用条件：批量大，单件加工时间较长，生产单位按对象专业化布置且距离较短。

3. 平行顺序移动方式

平行顺序移动方式是顺序移动方式和平行移动方式的结合使用，是指一批零部件在上一道工序上尚未全部加工完毕，就将已经加工好的一部分零部件转入下一道工序加工，以恰好能使下一道工序连续地全部加工完该批零部件为条件的移动方式。其总的原则是每批零部件都连续加工，合并零碎的停顿时间。

对长、短工序而言有两种移动方式：①$t_{前} < t_{后}$，平行移动；②$t_{前} > t_{后}$，前一道工序完工的零部件数足以保证后一道工序连续加工时，才将零部件转入后一道工序，即后一道工序的结束时间比前一道工序的结束时间晚一个 $t_{后}$，这样才能使后一道工序加工零部件时不出现间隙，因此后一道工序的开始时间比前一道工序的结束时间提前 $(n-1)t_{后}$。

平行顺序移动方式的生产周期为零部件在顺序移动方式下的生产周期减去各重合部分的时间。当 $t_{前} < t_{后}$ 时，重合部分为 $(n-1)t_{前}$；当 $t_{前} > t_{后}$ 时，重合部分为 $(n-1)t_{后}$，这时 $t_{前}$ 或 $t_{后}$ 都是短工序。

因此，平行顺序移动方式下的生产周期的计算方式如公式（3-5）所示。

$$T_{平顺} = \sum_{i=1}^{m} t_i + (n-1)\left(\sum t_{较大} - \sum t_{较小}\right) \tag{3-5}$$

式中：$T_{平顺}$——平行顺序移动方式的生产周期；

$t_{较大}$——比相邻工序单件加工时间均大的工序的单件加工时间；

$t_{较小}$——比相邻工序单件加工时间均小的工序的单件加工时间；

m——生产工序数；

n——生产零部件数。

接下来，我们可以通过【例 3-8】更直观地理解平行顺序移动方式。

【例 3-8】本例与【例 3-7】相同，试计算采用平行顺序移动方式的生产周期。

【解】根据要求绘制平行顺序移动方式示意图，如图 3-17 所示。

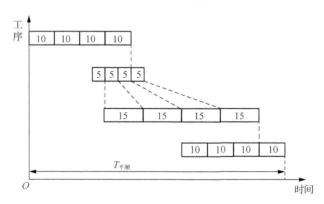

图 3-17　平行顺序移动方式示意图

根据公式（3-5）计算生产周期：

$$T_{平顺} = \sum_{i=1}^{m} t_i + (n-1)\left(\sum t_{较大} - \sum t_{较小}\right) = (10+5+15+10)+(4-1)\times(10+15-5)=100（分钟）$$

以下是平行顺序移动方式的优缺点和适用条件如下所示。

① 优点：生产过程中的中断时间比采用顺序移动方式的中断时间少，零部件生产周期较短；在一定程度上消除了工人与设备的空闲时间，并使工人和设备的空闲时间集中了起来。

② 缺点：组织管理比较复杂。

③ 适用条件：企业生产组织水平高，批量大，单件加工时间长、生产单位按对象专业化布置的情况。

企业在生产实践中，选择一批零部件的移动方式时需要考虑零部件的价值、体积、加工时间、批量及生产单位专业化形式等因素。3 种移动方式的比较如表 3-13 所示，可供企业参考。

表 3-13　3 种移动方式的比较

		顺序移动方式	平行移动方式	平行顺序移动方式
特点	生产周期	长	短	中
	运输次数	少	多	中
	设备利用	好	差	好
	组织管理	简单	中	复杂
适用条件	零件尺寸	小	大	大
	单件加工时间	短	长	长
	批量	小	大	大
	设施布置形式	工艺专业化	对象专业化	对象专业化

▶▶▶ 3.3.2　生产提前期与生产间隔期

1. 生产提前期

生产提前期是指产品或零部件在各生产环节投入或出产的时间与成品出产的时间相比所要提前的时间。生产提前期分为投入提前期和出产提前期两种。投入提前期是指产品或零部件在各生产环节投入的时间与成品出产的时间相比所要提前的时间；出产提前期是指产品或零部件在各生产环节出产的时间与成品出产的时间相比所要提前的时间。

成品出产日期是计算生产提前期的起点，生产周期和生产间隔期是计算生产提前期的基础。在成批或单件小批生产的条件下，合理地确定生产提前期是按期交货的一个重要条件。

企业可按工艺过程的反方向制订生产提前期标准，主要根据以下两种不同的情况分别计算。

① 当前后车间的生产批量相等时，计算生产提前期比较方便，如图 3-18 所示。

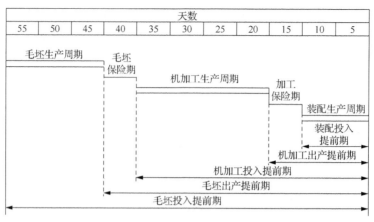

图 3-18　生产提前期图

根据图 3-18，我们可以总结某车间的投入提前期和出产提前期的计算方式，如公式（3-6）所示。

$$T_{投}=T_{出}+T_{本}$$
$$T_{出}=T_{后投}+T_{保} \tag{3-6}$$

式中：$T_{投}$——某车间的投入提前期；

　　　$T_{出}$——某车间的出产提前期；

　　　$T_{本}$——本车间的生产周期；

　　　$T_{后投}$——后一车间的投入提前期；

　　　$T_{保}$——相邻车间之间的保险期。

② 当前后车间生产批量不等时，投入提前期的计算和第一种情况相同，但是出产提前期的计算不同，计算方式如公式（3-7）所示，其中，生产间隔期的计算过程见下文。由此可见，当本车间的生产批量比后车间大时，出产提前期的数值也较大。

$$T_{出}=T_{后投}+T_{保}+（R_{本}-R_{后}） \tag{3-7}$$

式中：$R_{本}$——本车间生产间隔期；

　　　$R_{后}$——后车间生产间隔期。

2．生产间隔期

（1）相关概念

生产间隔期也称生产重复期，是指前后两批同种产品投入（或出产）之间相隔的时间，分为投入间隔期和出产间隔期。生产间隔期是成批生产类型企业的一项主要的生产期量指标。

在生产任务稳定，平均日产量一定的情况下，生产间隔期的长短取决于生产批量的大小。生产批量大，则生产间隔期长，相应的在制品数量大，生产周期长，流动资金占用多；生产批量小，会导致产品变动频繁，生产准备和结束作业次数增加，需要更多的准备和结束时间，设备利用率降低。因此批量和生产间隔期需要在这些因素之间进行平衡，达到既有利于流动资金的有效使用，又能提高设备的利用率的目的。

（2）确定批量和生产间隔期

企业要想确定批量和生产间隔期，首先要满足顾客的需求，即订货合同所规定的产品出产期限和数量；其次要全面考虑企业的经济效益、生产技术和管理水平。企业应根据具体情况，通过全面分析计算，寻求一个最优的批量和生产间隔期方案。

确定批量和生产间隔期的方法可以分为两大类：一类是以量定期法，主要有经济批量法；另一类是以期定量法。

① 经济批量法。

经济批量法是以单位产品生产总费用最小的原则来计算批量的一种方法。批量的大小对费用的影响主要有两个方面：设备调整费用和制品的库存保管费用。批量越大，设备调整的次数就越少，分摊到每个制品（零部件）上的设备调整费用也就越少；反之，批量越小，设备调整的次数就越多，分摊到每个制品的设备调整费用就越多。但是，批量大，制品的库存保管费用会增加，批量小则库存保管费用少。经济批量法的基本原理就是求得两项费用之和为最小时的批量。图 3-19 所示的交点对应的横坐标即为经济订货批量点（Economic Order Quantity，EOQ）。

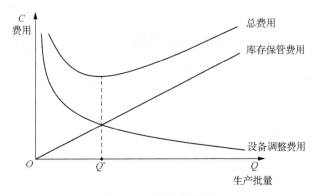

图 3-19　经济批量法

经济订货批量点的计算方式如公式（3-8）所示。

$$Q^* = \sqrt{\frac{2NA}{C}}$$

（3-8）

式中：Q^*——经济批量；

　　　A——每次设备调整费用；

　　　N——年计划产品产量；

　　　C——每件制品的年平均保管费用。

② 以期定量法。

以期定量法是首先确定生产间隔期，再确定批量的一种方法。采用这种方法，加工装配型企业先要确定装配的生产间隔期，然后按反工艺顺序分别确定加工和毛坯的生产间隔期。各个工艺阶段和各类零部件的生产间隔期一定要与装配生产间隔期相等或成整数倍关系。生产间隔期确定以后，批量可以根据下列公式确定。

批量和生产间隔期的关系如公式（3-9）所示。

$$Q = R \cdot N_{日} \qquad\qquad (3\text{-}9)$$

式中：Q——批量；

　　　R——生产间隔期；

　　　$N_{日}$——平均日产量。

本章小结

本章在第 2 章生产运作系统的设计基础上，介绍了如何合理组织生产过程，提高企业的运行效率。首先，读者需要简单了解生产过程的构成，对其有直观的感受；其次，读者需要明白如何合理组织生产过程和使生产过程中的各活动单元在空间上布置合理，包括如何进行设施选址与设施布置；最后，读者需要知道如何使劳动对象在车间之间、工段之间、工作地之间的运动在时间上互相配合和衔接，以最大限度地提高生产过程的连续性和节奏性，缩短生产周期。

课后练习

一、名词解释

1．生产过程

2．设施选址

3．工艺专业化布置

4．生产周期

5．生产提前期

二、单项选择题

1．组织生产过程的基本要求不包括（　　）。

　　A．连续性　　　B．准时性　　　　C．均衡性　　　　D．都不是

2．下列企业中应该接近原材料产地的是（　　）。

　　A．家具厂　　　B．食品厂　　　　C．水泥厂　　　　D．制冰厂

3．下列企业中应该靠近水资源丰富地区的是（　　）。

　　A．电影制片厂　B．汽车厂　　　　C．化纤厂　　　　D．纺织厂

4．生产过程的（　　）组织可以最大限度地提高生产过程的连续性和节奏性，缩短生产周期。

　　A．时间　　　　B．空间　　　　　C．工艺　　　　　D．对象

5．生产周期最长、运输次数最少的零部件移动方式是（　　）。

A．顺序移动方式 　　　　　　B．平行移动方式

C．平行顺序移动方式 　　　　D．前后移动方式

6．（　　）是一种既考虑定量因素又考虑定性因素的用以支持设施选址的方法，它对每个备选方案的各种相关要素进行综合评分，从而为评估提供合理的基础。

A．因素评分法 　　　　　　　B．盈亏平衡分析法

C．线性规划法 　　　　　　　D．最优决策法

7．（　　）是指加工对象不动，人员、材料和设备根据需要移动的布置类型。

A．工艺专业化布置 　　　　　B．对象专业化布置

C．定位布置 　　　　　　　　D．单元布置

8．在生产任务稳定，平均日产量一定的情况下，生产间隔期的长短取决于（　　）的大小。

A．工序数量 　　B．订单数量 　　C．生产批量 　　D．生产周期

9．（　　）是指能加工不同产品的生产能力，并且能保持较高的生产率和良好的经济效益。

A．生产过程的连续性 　　　　B．生产过程的均衡性

C．生产运作系统构成的比例性 　　D．生产运作系统的柔性

10．厂址条件与费用属于设施选址影响因素中的（　　）。

A．经济因素 　　B．自然因素 　　C．政治法律因素 　D．社会文化因素

三、问答题

1．生产过程的构成是怎样的？

2．设施选址的主要影响因素有哪些？

3．如何运用因素评分法进行选址？

4．工艺专业化布置与对象专业化布置的区别是什么？

5．如何计算生产周期？

四、计算题

一批零部件批量为 4 件，各工序的单件加工时间如表 3-14 所示。

表 3-14 　工序加工时间

工序	1	2	3	4	5
时间/分	12	5	10	4	8

要求：

（1）分别计算采用顺序移动方式、平行移动方式、平行顺序移动方式的生产周期；

（2）试比较这 3 种工序移动方式的区别。

五、实训作业

依据所组建的企业，模拟企业运作，完成下列内容。

（1）根据模拟企业情况，细分本企业的生产过程。

（2）按照使用的生产运作类型的不同及加工性质的差别划分局部生产过程，主要包括工艺阶段组成的基本生产过程。

（3）进行生产过程的空间组织，对企业车间（或店铺）进行布置，绘制布局图。

（4）完成生产过程的时间组织，并对其进行表述。

第4章
生产计划的编制

能力目标

能够进行企业生产能力的核算。

能够进行企业各类生产计划的编制。

知识目标

了解生产计划体系的层次。

理解生产能力的分类。

掌握综合计划、主生产计划、物料需求计划的编制过程。

了解企业的生产作业计划。

本章知识框架

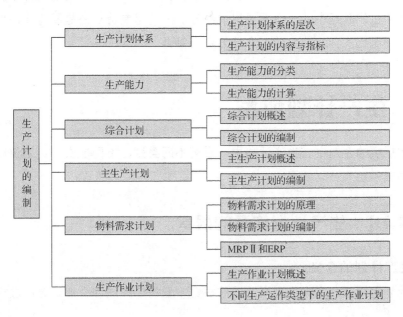

**导入案例**

空调的生产

凌志空调是一家典型的加工装配型企业，企业由总厂与几个分厂构成。企业的生产流程是首先由几个分厂生产空调的配件（注塑成型、控制电板生产、钣金加工等），部分零部件（压缩机、电机）外购，最后再运输到总厂进行装配，形成成品。

另外，产品的需求包括市场预测和外部订单。市场预测以月为单位，外部订单则精确到日。每个分厂负责自己的生产排程，配件厂的生产计划以总装厂的计划为订单，而总装厂的生产排程以分厂的生产排程为基础。

当然不容忽视的是，空调销售有淡旺季，淡旺季空调的产量会相差数倍。空调销售处于旺季时，企业全部生产线开动，员工日夜加班也不能满足需求，而空调销售处于淡季时，企业需要停掉部分生产线、部分员工会休假。不管是超负荷加班，还是过多的休假，对企业与员工都非常不利，会影响企业的稳定发展。

凌志空调的负责人深知再如此下去，会极大地影响企业的未来，于是想请企业咨询专家改善企业现状。

试分析：

（1）企业目前存在什么问题？

（2）你认为可以采取什么措施进行重点改进？

生产计划是企业进行生产运作管理的依据，也是企业生产运作管理的核心内容。在现代企业中，企业内部分工精细、相互协作，任何一个活动环节都不可能离开其他环节而单独进行。尤其是生产运作活动的开展需要企业调配多种资源，在需要的时候，企业要按需要的数量提供所需要的产品或服务，这样就更离不开周密的生产计划。所以，生产计划是生产运作管理中的一个重要组成部分。无论是制造业还是服务业，均存在生产计划问题，相比之下，制造业的生产计划更为复杂。

4.1　生产计划体系

在一定规模的企业中，生产计划由一系列不同类别、不同层次的计划组成，不同的生产计划构成了生产计划体系。

▶▶▶ 4.1.1　生产计划体系的层次

1. 生产计划的含义

生产计划是指企业在实施生产活动前根据市场需求预测和企业资源所进行的系统性

研究、分析和规划。企业在生产之前，需要根据市场需求预测，配合企业资源，对要生产产品的品种、规格、数量、价格及其生产方式、地点、生产周期与交货期，做出全面规划，制订出经济合理且有效的生产计划。完备的生产计划一般具备以下 3 个特征。

① 有利于充分利用销售机会，满足市场需求。

② 有利于充分利用盈利机会，并实现生产成本最低化。

③ 有利于充分利用企业资源，最大限度地减少企业资源的浪费和闲置。

2. 生产计划体系的含义

企业的生产计划按计划期的时间长短分为长期生产计划、中期生产计划、短期生产计划 3 个层次。它们之间相互紧密联系，协调配合，构成企业的生产计划体系。图 4-1 展示了这 3 层计划的组成及关系。

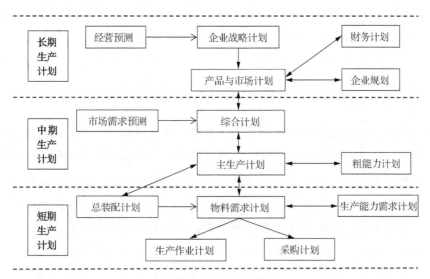

图 4-1　生产计划体系

（1）长期生产计划

长期生产计划的计划期一般为 3～5 年，它是企业对生产、技术、财务等方面重大问题的规划，提出企业的长远发展目标以及为实现该目标所制订的战略计划。长期生产计划包括产品与市场计划、企业规划和财务计划等几种战略计划。

要制订长期生产计划，企业首先要结合对经济、技术、政治环境的分析，做出企业发展的预测，确定企业发展的总目标，例如，在总产量、总产值、总利润、质量、品种等方面的增长速度和应达到的水平。产品与市场计划要确定企业的经营方向和经营领域、产品门类和系列、体现竞争战略的产品质量与价格水平，以及市场渗透战略；财务计划将从资金需要量和投资回报等方面对以上各种计划的可行性和经济有利性进行分析，以确保这些计划在财务上是可行的，并且是有效益的。

（2）中期生产计划

中期生产计划的计划期一般为 1 年，通常是年度计划，主要包括综合计划与主生产计划。

综合计划是企业为使自己具备的生产能力与市场需求预测之间实现平衡所制订的总规划，它的主要任务是使企业在正确预测市场需求的基础上，充分利用现有的资源和生产能力，尽可能均衡地组织生产活动和合理地控制库存水平，以期尽可能地满足市场需求和获得利润。综合计划规定了企业在计划年度内的生产目标，它确定了企业产品生产的总量而不是具体品种或规格产品的产量，并用一系列指标规定了企业在品种、质量、产量和产值等方面应达到的水平。综合计划的编制依据是市场需求预测，以及长期生产计划对当年提出的任务要求，它的作用是通过总量指标来核算检查全年的生产能力能否满足需要，以便对任务与能力进行平衡，并保证应有的经济效益。

主生产计划是将综合计划具体化为按产品品种或规格来规定的年度分月的产量计划。主生产计划一般每隔半年编制一次，也可以按更短的时间周期进行更新。制订主生产计划之后，企业仍然需要进行生产能力的核算和平衡，以保证计划具有可行性。但在这一层次上，生产能力核算和平衡都是粗略的，只分车间，或按设备大组（大类）的总台时与人员的总工时进行核算和平衡，因此属于粗能力计划。

（3）短期生产计划

短期生产计划的计划期在半年以下，一般按月或周来安排计划，通常是确定计划期内每周或每天具体品种或规格的产品的生产数量及其完成顺序和完成时间。短期生产计划包括物料需求计划、生产能力需求计划、总装配计划以及在计划实施过程中的生产作业计划与采购计划等，其主要任务是根据顾客的订单，合理地安排生产活动的每一个细节，使它们紧密衔接，以确保按顾客要求的质量、数量和交货期交货。

物料需求计划是把主生产计划分解为构成产品的各种物料的需要数量和需要时间的计划，以及将这些物料投入生产或提出采购申请的时间计划。生产能力需求计划即我们通常所说的设备负荷计划，它根据零部件的工艺路线和工时定额来预计各工作中心（设备组）在各时间周期中应提供的生产能力，然后与现有能力进行平衡，编制出车间的生产作业计划。总装配计划就是最终产品的短期出产进度计划。生产作业计划包含作业分派、调度和生产进度的监控与统计等内容。针对外购的物料，企业需要编制采购计划，以对其进行控制。

▶▶▶ 4.1.2 生产计划的内容与指标

1. 生产计划的内容

生产计划解决的主要问题是生产能力、生产任务和市场需求三者之间的矛盾。生产计划的主要内容包括调查和预测市场对产品的需求，核定企业的生产能力，确定目标，制订策略，选择计划方法，正确制订生产计划、库存计划、生产进度计划，明确计划的工作程序以及计划的实施与控制工作等。生产计划的主要内容可以简单概括为以下几个方面。

① 生产什么（What）——产品名称、零部件名称。

② 生产多少（How many）——数量或重量。

③ 在哪里生产（Where）——部门、单位。

④ 要求什么时候完成（When）——生产周期、交货期。

2. 生产计划的指标

制订生产计划的指标是制订生产计划的重要内容。生产计划的主要指标包括产品品种、产品产量、产品质量、产品产值4个指标，它们从不同的方面反映了企业对生产的产品的要求。

（1）产品品种指标

产品品种指标是指企业在计划期内规定生产的产品品种、规格、型号和种类数，具体包含以下两个方面的内容。

① 生产产品的名称、规格等。

② 生产不同品种、规格产品的数量。

产品品种指标能够在一定程度上反映企业的服务方向和企业适应市场的能力，可以用品种计划完成率表示。

$$品种计划完成率 = \frac{计划期完成计划产量的品种数}{报告期计划产量的品种数} \times 100\%$$

一般来说，产品品种越多，就越能满足不同的需求。但是，过多的产品品种会分散企业的生产能力，使企业难以形成规模优势。因此，企业应该综合考虑，合理地确定产品品种数，加快产品的更新换代，努力开发新产品。

（2）产品产量指标

产品产量指标是指企业在计划期内应当生产和提供的符合质量标准和满足要求的实物数量和服务数量，包括产成品数量、半成品数量等。产品产量指标反映了企业的生产能力水平，是制订和检查产量完成情况，用来分析各种产品的质检比例和进行产品的平衡分配，计算实物量生产指数的依据。产品产量指标一般可以用产量计划完成率表示。

$$产量计划完成率 = \frac{报告期实际完成的产量}{报告期计划的产量} \times 100\%$$

（3）产品质量指标

产品质量指标是指企业在计划期内生产的产品应该达到的质量水平，是衡量一个企业的产品满足社会需要程度的重要标志，反映了企业的生产技术水平和组织管理水平，是企业赢得市场竞争的关键因素。生产计划中的产品质量指标通常用综合性质量指标表示，如合格品率、一等品率和废品率等。

产品质量可分为内在质量和外在质量两个方面，外在质量是指产品的颜色、样式、包装等因素；内在质量是指产品的性能、使用寿命、工作精度、安全性、可靠性和可维修性等因素。产品的质量标准分为国际标准、国家标准、部门标准、行业标准和企业标准 5 个层次。

（4）产品产值指标

产品产值指标是用货币表示的产量指标，能体现企业在计划期内的总成果，综合反映企业的生产经营活动。企业的产品产值有 3 种表现形式：商品产值、总产值和净产值。

① 商品产值。商品产值是指企业在计划期内生产的可供销售的产品和工业劳务的价值，包括用自备原材料生产的可供销售的成品和半成品的价值，用订货的来料生产的产品的加工价值和对外完成的工业劳务的价值。

② 总产值。总产值是指用货币表现的企业在计划期内应该完成的产品和劳务的总量，它反映企业在计划期内生产的总规模和总水平，其内容包括商品产值，订货来料的价值，在制品、半成品、自制工具的期末期初价值的差额。它是计算企业的生产发展速度和劳动生产率的依据。

③ 净产值。净产值是指企业在计划期内新创造的价值。净产值的计算方法有两种。生产法是指从工业总产值中扣除物质消耗的价值；分配法是指将构成净产值的各要素直接相加，这些要素主要包括工资、职工福利基金、税金、利润利息、差旅费和罚金等。

4.2 生产能力

生产能力是指在合理的组织和技术条件下，企业中参与生产过程的固定资产在一定时期内（通常为一年）所能生产一定种类和质量的产品或处理一定原材料的最大数量。它只反映企业生产的可能性，一般不考虑原材料、燃料、动力供应是否充足，设备运转是否正常等因素对生产的影响。上述生产能力的定义主要是针对工业企业而言的，而服务型企业通常用一定时间内可同时服务的人数来表示其生产能力。

▶▶▶ 4.2.1 生产能力的分类

生产能力可分为设计能力、查定能力和计划能力。

1. 设计能力

设计能力是企业建厂时在基建任务书和技术文件中所规定的生产能力，它是根据工厂设计文件规定的产品方案、技术工艺和设备等信息计算得到的最大年产量。企业投产后往往要经过一段熟悉和掌握生产技术的过程，甚至需要改进某些设计不合理的地方，才能达到设计能力。

2. 查定能力

查定能力是指企业在没有设计能力资料或设计能力资料可靠性低的情况下，根据企业现有的生产组织条件和技术水平等因素，重新审查核定的生产能力。它为研究企业当前存在的生产运作问题和制定今后的发展战略提供了依据。

3. 计划能力

计划能力也称为现实能力，是企业在计划期内根据现有的生产组织条件和技术水平等因素所能够实现的生产能力。它直接决定了企业近期的生产计划。计划能力包括两部分：一是企业已有的生产能力，即近期的查定能力；二是企业在本年度内新形成的能力，这可以是以前的基建或技改项目在本年度内形成的能力，也可以是企业通过管理手段而增加的能力。

▶▶▶ 4.2.2 生产能力的计算

计算生产能力是做好能力计划工作所必需的。通过计算生产能力，企业可以对自身有清晰准确的认识，还可以发现生产过程中的不足，为科学制订计划提供基础数据。

1. 生产能力的计量单位

企业的生产能力是以企业生产的产品的数量来表示的。企业的生产类型不同，计算生产能力时其采用的计量单位也不同。对于大批生产类型的企业，由于其生产的产品品种比较单一且稳定，一般用具体产品或代表产品来表示其生产能力；对于多品种中小批量生产类型的企业，由于其生产的产品品种多，只能用代表产品或假设产品来表示其生产能力。

所谓代表产品，是指在企业生产的多种产品中具有典型性的、最能代表企业的专业方向的产品。代表产品必须在产品结构、生产工艺和劳动量构成上与其他产品相似且具有典型性。一般生产系列化产品的企业常用代表产品来反映其生产能力，如电视机厂、电动机制造厂等。

当企业生产的产品品种较多，且产品结构和工艺过程各异时，企业应采用假定产品来表示其生产能力。假定产品是由企业生产的各种产品按照其在总产量中所占的比重构成的一种假想产品。

2. 生产能力的计算方法

一个企业的生产能力取决于其主要车间或大多数车间的生产能力经综合平衡后的结果。一个车间的生产能力取决于其主要生产工段（生产单元）或大多数生产工段的生产能力经综合平衡后的结果。而一个生产工段（生产单元）的生产能力则取决于该生产工段内主要设备或大多数设备的生产能力经综合平衡后的结果。所以，计算企业的生产能力，应从企业的基层生产环节的生产能力算起，即从生产车间内各设备组的生产能力算起。

（1）设备组的生产能力的计算

设备组的生产能力的计算方式如公式（4-1）所示。

$$M = \frac{F_t S}{t} \qquad\qquad (4\text{-}1)$$

式中：M——设备组的生产能力；

F_t——设备组在计划期内的有效工作时间；

S——设备组内的设备数量（台）；

t——制造单位产品（具体产品、代表产品或假定产品）所需该种设备的台时数。

（2）企业的生产能力的计算

企业的生产能力是在各车间的生产能力经综合平衡的结果的基础上确定的。综合平衡包括各基本生产车间之间生产能力的平衡，基本生产车间与辅助生产车间之间生产能力的平衡。

当各基本生产车间的生产能力不一致时，整个基本生产部门的生产能力通常按主导生产环节来确定。主导生产环节是指主要工艺环节，一般是建设时间长、投资大的环节。

基本生产车间和辅助生产车间的生产能力不一致时，一般按基本生产车间的生产能力来确定。对联合企业而言，其生产能力一般按不同产品、不同生产阶段来计算。

4.3 综合计划

综合计划的目标是充分利用企业的生产能力及生产资源，满足顾客要求和市场需求，使生产负荷尽量均衡稳定，从而使库存保持在合理水平并使总生产成本尽可能低。

▶▶▶ 4.3.1 综合计划概述

1. 综合计划的含义

综合计划又称生产计划大纲，是企业未来的产量和生产安排的中期计划，是企业对未来较长一段时间内的资源与需求的平衡所做的总体规划，是企业根据其所拥有的生产能力和需求预测，对产出内容、产出量、劳动力水平、库存投资等所做出的大致性描述。

综合计划是指企业在已知需求预测、设备能力、库存水平、员工数量以及其他相关条件的前提下，考虑未来 2～12 个月的产出数量。综合计划的具体内容就是如何利用各种资源来满足预测的需求。例如，当预测的需求大于正常的产量时，企业可以选择让员工和设备工作更长的时间来满足比正常生产能力更大的需求，也可以选择使用之前的库存来满足这部分需求，或结合这两种方式。根本上，综合计划是实现企业战略的具体计划，它的本质是合理配置资源。

综合计划本质上就是把短期的日常作业进度安排中的波动的负面影响减小到最低限度，这种短期的日常作业进度安排可能会在某一周只向供应商采购少量物料并解雇部分人员，而在下一周会订购大量的物料并增加雇用人员。综合计划能使企业从长远的角度考虑资源的使用，使其短期的需求变化达到最小并能节约成本。综合计划的目标可概括如下：成本最小、利润最大，最大限度地满足顾客需求，库存费用最小，实现生产速率的稳定性，人员变动小，设施、设备得到充分利用。

当然，综合计划并不具体确定每一产品品种的生产数量与时间，也不布置每一车间、人员的具体工作任务，只是对产品、时间和人员的配置进行总体规划。

（1）产品

企业可以按照产品的需求特性、加工特性、所需人员和设备的相似性等，将产品划分为几大系列，以系列为单位来制订综合计划。例如，计算机生产企业根据市场需求，可将产品分为台式计算机、个人计算机等系列。

（2）时间

综合计划的计划期通常以年为单位（生产周期较长的产品，如大型机床等的计划期可能是 2~5 年），因此有些企业也把综合计划称为年度生产计划，在该计划期内，使用的计划时间单位为月、双月或季度。

（3）人员

综合计划可以用几种不同的方式来考虑人员安排问题。例如，把人员按照产品系列分组，分别考虑所需人员的技能水平；或者将人员按照工艺特点和所需的技能水平分组。另外，产品需求会发生变化，所需人员的数量也会随之发生变化。

当然，生产计划的制订需要在可接受的成本条件下进行，因此在编制综合计划时，企业还需要考虑成本因素。企业制订综合计划时，一般需要考虑的成本因素如下。

① 正式员工的工资与福利。

② 加班费用。

③ 库存成本。

④ 订单积压与库存缺货成本。

2. 综合计划的策略

根据综合计划的内容与目标，企业在制订综合计划时，管理人员需要提前考虑以下问题。

① 是否需要在计划期内利用库存来缓冲需求变化？

② 是否需要调整员工数量来应对需求变化？

③ 是否需要招聘临时工，或者利用加班或放假来应对需求变化？

④ 是否需要外包部分产品来应对订单波动？

⑤ 是否需要改变价格或进行其他活动来影响需求？

从这些问题可以看出，编制综合计划需要解决的一个基本问题是如何处理产能与需求的关系，因此综合计划的策略可以概括为以下两个方面。

（1）调节需求的策略

① 积极影响需求。

当市场需求低迷时，企业可以通过广告、促销、推销、降价等措施来刺激需求。航空公司在旅游淡季提供折扣服务，羽绒服经销商在夏季低价销售羽绒服，空调企业在冬季低价销售空调，这些都是积极影响需求的具体做法。当然，通过广告、促销、降价等手段并不总是能保持产品的供求平衡。

② 延迟交货或适当限制需求。

延迟交货是指需求旺盛时，企业由于无法按时提供产品，而采用暂缓交货的策略。延迟交货仅在顾客愿意等待且不减少其效用或不取消其订单的条件下才能成立。例如，汽车供应商会针对一些紧缺车型采用延迟交货的方式。

当资源短缺、供不应求时，企业也可以采取限制需求总量的方式调节需求。例如，根据电费、水费的用量进行阶梯收费，对汽车采取单双号限行的办法等。

③ 反季产品组合或导入互补产品。

反季产品组合是指企业同时提供不同的产品或服务，如既销售空调又销售取暖器的企业，或者既生产羽绒服又生产短裙的工厂。要实现这个策略，企业可能需要更复杂的技术、制订更复杂的计划。

导入互补产品是指使不同产品的需求错峰。例如，生产割草机的企业可以同时生产机动雪橇（春秋生产割草机而秋冬生产机动雪橇），这样其核心零部件——微型发动机的年需求则可基本保持稳定。这种方法的关键是找到合适的互补产品，它们既能够充分地使用现有资源，又可以使不同的需求错开，使产出保持均衡。

（2）调节产能的策略

① 改变库存水平。

市场需求是波动的，企业的生产能力在一定时期却是稳定的。因此企业在需求低迷的时候会适当增加库存，以期可以使用库存来满足未来某段时间的高峰需求。改变库存水平来适应市场波动的优点在于可以维持内部生产的均衡，有利于充分利用设备和人力，有利于产品质量的稳定与生产过程的管理。但是，这种方式会增加库存成本，如存储费用、保险费、搬运费、破旧损失等，并且会破坏生产的准时性，掩盖诸多管理问题。

② 调整员工数量。

调整员工数量主要是通过招聘的方式来进行的。市场需求旺盛、任务重的时候多聘员工，市场需求低迷、任务轻的时候少聘员工。

这种方法在服务业用得较多。一些旅游景点有明显的季节性，夏天和节假日的时候，现有数量的员工不能满足游客的需求；冬天和平时游客少，员工又比较闲。有的企业部门在一天的工作时间内，其员工有时工作负荷很大，有时又很清闲。这些企业可以采用少用固定员工，在任务重时招募临时工的方法。使用这种方法的工作是非专业性的，一般人经简单训练或观摩就可以胜任。

对于制造业而言，员工需要具备专业技术才能胜任工作，企业难以随时招募到技术员工，或者员工需要经过系统培训才能上岗，因此，这种方法是不可行的。而且，解雇员工会受到法律的限制，还会影响其他员工的士气，导致企业的劳动生产率低下。

③ 调整生产效率。

通过加班或缩短工作时间来调整生产效率，是比较常见的策略，也容易实行。加班是指在需求上升时通过延长员工的工作时间来增加产出。加班有利于企业维持稳定的员工队伍和增加员工收入，但是过量加班，容易使员工厌倦，还容易使员工的工作效率和工作质量降低，甚至引起安全事故，同时还会增加企业的支出和加速机器设备的损耗。

缩短工作时间是在需求大幅下降时，让员工放假或减少班次以减少工作时间。采用这种方法时，企业付出的代价主要是人力成本，而且员工会因为收入下降而不满，尤其是在收入水平较低的地区。

④ 转包。

转包是在需求旺盛时，企业将一部分生产任务外包给其他企业，利用其他企业的生产能力加工本企业的产品，相当于扩大了本企业的生产能力。当然，转包也存在一定的局限性：转包成本较高、可能面临将顾客信息泄露给竞争对手的风险、可能导致交货不及时和质量问题、可能丧失部分控制权和收益等。但是，在如今这个互联互通的时代，企业不可能完全通过本企业的生产能力来生产多变的产品或提供多样化的服务，因此与其花费巨大的投资来扩充生产能力，不如借用其他企业的资源来满足特定的需求。

⑤ 合理安排人员班次。

许多服务型企业是全年无休的，每周 7 天，每天 24 小时都需要有人在工作岗位上。但是，每天的需求是不同的，需求在每个小时内的波动也很大。如何使班次和人员数量安排得合理，使每时每刻都有足够的人员值班，又不造成人员空闲，还能保证每个人都拥有法定的休息时间，这就是人员班次安排问题。人员班次安排是使生产能力适应需求波动的科学方法。

⑥ 顾客参与调节生产能力。

顾客参与是服务型企业生产运作的一个特点，有些服务可以通过顾客的自我服务来增加生产能力，如自助餐。顾客的自我服务使企业的生产能力与需求同步，而不需要额外增加生产能力。同时，顾客的自我服务使顾客拥有较好的体验，增加了顾客的满意度。

制造型企业的生产过程一般不允许顾客参与，以免影响其生产效率和出现安全事故。随着顾客的个性化需求逐渐突出，顾客参与制造型企业生产过程的现象也越来越多。

拓展阅读

泳装综合计划的调整

鲍吉斯-罗伊斯公司是布宜诺斯艾利斯的一家泳装生产公司。该公司制订了一项人事改革政策，不仅降低了成本，同时也增强了员工对顾客的责任心。由于是一家受季节影响较大的公司，该公司不得不在夏季的 3 个月内将其产品的 3/4 销往海外，鲍吉斯-罗伊斯公司的管理人员是靠加班、聘用临时工、积聚存货来应付需求的大幅上升的。但这些方法带来的问题很多。一方面，由于公司提前几个月就将泳装生产出来，其款式不能适应需求的变化；另一方面，在这繁忙的 3 个月内，顾客的抱怨、产品需求告急、时间安排变动等使得管理人员烦恼不已。

为了改变现状，鲍吉斯-罗伊斯公司的解决办法是在维持员工正常的每周工作 42 个小时的同时，改变生产计划，从 8 月到 11 月中旬，员工每周的工作时间为 52 个小时；从需求高峰期结束到第二年 4 月，员工每周的工作时间为 30 个小时。在时间宽裕的条件下，公司会进行款式设计和正常生产。

这种灵活的调度使该公司的生产占用资金降低了 40%，同时使需求高峰期时的生产能力增加了一倍。由于产品质量得到保证，该公司获得了明显的价格竞争优势，因此很快将销售区域扩大到巴西、智利和乌拉圭等国。

▶▶▶ 4.3.2　综合计划的编制

综合计划是企业基于对中期需求的预测，为满足需求预测而设定产出、员工和产品库存水平的全面计划。综合计划制订者应该考虑多种计划组合，对每种计划组合进行可行性和成本检验。综合计划采用滚动计划的方式制订，通常每个月更新一次，每次更新时，综合计划制订者要考虑需求预测的更新和其他变化。综合计划制订者的任务是使得整个计划期内的需求和生产能力在各个时间段内都大致匹配，并使综合计划的成本最小化。

企业制订综合计划时通常采取如下步骤。

① 确定各期需求。

② 确定各期生产能力。

③ 明确员工管理与库存政策。

④ 明确相关成本和费用。

⑤ 制订可供选择的计划，并计算相应的成本。

⑥ 依据成本最小化原则，选择合适的计划。

根据编制的步骤，具体而言，编制综合计划的方法有图表法、线性规划法等。

1. 图表法

图表法也称反复试算法，主要是指综合计划制订者应通过绘制简单的图表，对企业的需求和生产能力进行直观的对比，并依据成本最小化原则选择最优方案。

【例 4-1】一家企业将预测的市场需求转化为生产需求，如表 4-1 所示。每件产品需加工 20 小时，工人每天工作 8 小时。招收工人的成本为每人 300 元，解聘 1 个工人的成本为 200 元。假定生产中无废品和返工。为了应对需求波动，安全库存设置为 1 000 件，单位维持库存费为 6 元/（件·月）。同时，假定每年的需求类型相同，因此，在计划年度开始时的工人数等于计划年度结束时的工人数。相应的，库存量也近似相等。现比较不同策略下的成本。

表 4-1　需求预测量

月份	预计需求量/件	累计需求量/件	每月工作天数/天	累计工作天数/天
4	1 600	1 600	21	21
5	1 400	3 000	22	43
6	1 200	4 200	22	65
7	1 000	5 200	21	86
8	1 500	6 700	23	109
9	2 000	8 700	21	130
10	2 500	11 200	21	151
11	2 500	13 700	20	171
12	3 000	16 700	20	191
1	3 000	19 700	20	211
2	2 500	22 200	19	230
3	2 000	24 200	22	252

（1）仅改变工人的数量

采用这种策略需要假定企业随时可以招聘到工人，其具体计算过程如表 4-2 所示。

表 4-2　仅改变工人的数量

月份（1）	预计需求量（2）	生产时间（3）=20×（2）	每月正常工作天数（4）	每人每月生产小时（5）=（4）×8	需工作人数（6）=（3）/（5）	月初增加人数（7）	月初解聘人数（8）	变更费（9）=（7）×300 或（8）×200
4	1 600	32 000	21	168	191		37	7 400
5	1 400	28 000	22	176	160		31	6 200
6	1 200	24 000	22	176	137		23	4 600
7	1 000	20 000	21	168	120		17	3 400
8	1 500	30 000	23	184	164	44		13 200
9	2 000	40 000	21	168	239	75		22 500
10	2 500	50 000	21	168	298	59		17 700
11	2 500	50 000	20	160	313	15		4 500
12	3 000	60 000	20	160	375	62		18 600
1	3 000	60 000	20	160	375			0
2	2 500	50 000	19	152	329		46	9 200
3	2 000	40 000	22	176	228		101	20 200
合计								127 500

同时，维持 1 000 件安全库存需要花费：1 000×6×12=72 000 元。

因此，总费用=127 500+72 000=199 500 元。

（2）仅改变库存水平

这种策略需要顾客允许暂缓交货。由于企业需要在 252 天内生产 24 200 件产品，则平均每个工作日生产 96.03 件，需要 96.03×20=1 920.6 小时，每天需要工人 1 920.6/8=240.075 人。需取整，即每天需要工人 241 人，则每天平均生产 241×8/20=96.4 件产品。采用这种策略的具体计算过程如表 4-3 所示。

表 4-3　仅改变库存水平

月份（1）	累计工作天数（2）	累计生产量（3）=（2）×96.4	累计需求量（4）	月末库存（5）=（3）-（4）+1 000	维持库存费（6）=（月初库存+月末库存）/2×6
4	21	2 024	1 600	1 424	7 272
5	43	4 145	3 000	2 145	10 707
6	65	6 266	4 200	3 066	15 633
7	86	8 290	5 200	4 090	21 468
8	109	10 507	6 700	4 807	26 691
9	130	12 532	8 700	4 832	28 917
10	151	14 556	11 200	4 356	27 564
11	171	16 484	13 700	3 784	24 420
12	191	18 412	16 700	2 712	19 488
1	211	20 340	19 700	1 640	13 056
2	230	22 172	22 200	972	7 836
3	252	24 292	24 200	1 092	6 192
合计					209 244

注：4 月初库存按 1 000 件计算。

因此，由表 4-3 可知，若仅调整库存水平，需要的总共费用为 209 244 元。

（3）混合策略

考虑到需求的变化，企业可以在前一段时间采取相对低且均匀的生产率，在后一段采取相对高且均匀的生产率，如表 4-4 所示。4 月份生产 1 680 件，每天需要生产 80 件；设 4~8 月采用每天 80 件的生产率，则每天需要 80×20/8=200 个工人。按照这种生产方式一直生产到 8 月底，累计 109 天，共生产 8 720 件。在剩下的 252-109=143 天内，要生产 24 200-8 720=15 480 件，平均每天生产 15 480/143=108.25 件，需要 270.6 个工人，取 271 人。因此，9 月需要雇佣 71 人，每天生产 271×8/20=108.4 件，次年 3 月末再解聘71 人。采用这种策略的具体计算过程如表 4-4 所示。

表 4-4　混合策略

月份（1）	每月工作天数/天（2）	生产率/件（3）	累计生产量/件（4）=（2）×（3）+上月（4）	累计需求量/件（5）	月末库存/件（6）=（4）-（5）+1 000	维持库存费/元（7）=（月初库存+月末库存）/2×6	变更工人费用/元（8）=71×300 或 71×200
4	21	80	1 680	1 600	1 080	6 240	
5	22	80	3 440	3 000	1 440	7 560	
6	22	80	5 200	4 200	2 000	10 320	
7	21	80	6 880	5 200	2 680	14 040	

月份 （1）	每月工作 天数/天 （2）	生产率/% （3）	累计生产量/件 （4）=（2）× （3）+上月（4）	累计需 求量/件 （5）	月末库存/件 （6）=（4）- （5）+1 000	维持库存费/元 （7）=（月初库存+ 月末库存）/2×6	变更工人费用/元 （8）=71×300 或 71×200
8	23	80	8 720	6 700	3 020	17 100	
9	21	108.4	10 996	8 700	3 296	18 948	21 300
10	21	108.4	13 272	11 200	3 072	19 104	
11	20	108.4	15 440	13 700	2 740	17 436	
12	20	108.4	17 608	16 700	1 908	13 944	
1	20	108.4	19 776	19 700	1 076	8 952	
2	19	108.4	21 836	22 200	636	5 136	
3	22	108.4	24 221	24 200	1 021	4 971	14 200
合计						143 751	35 500

注：4月初库存按 1 000 件计算。

因此，由表 4-4 可知，若采用混合策略，总费用=143 751+35 500=179 251 元。

图表法（反复试算法）可以通过不断改善所选策略来获得最优方案，在本例中，就 3 种策略的总费用比较而言，采用混合策略的总费用最低。

2．线性规划法

若将综合计划看作一种为满足预测需求量而进行的生产能力分配问题，则企业可以根据线性规划问题的原理求解。线性规划法和图表法不一样，它不是一种反复试算法，而是在成本最低的条件下制订出最优生产计划的方法。这种方法具有灵活性，它可以在每个计划期内计算出正常产量、加班产量、外协数量、加班时间及每个计划期的库存量。

线性规划法的基本假设为计划期内正常生产能力、加班生产能力以及外协量均有一定的限制，计划期的需求预测量是已知的，并且全部成本均与产量呈线性关系。在计算过程中需要考虑的成本项目主要包括以下 4 种：正常成本、加班成本、外协成本和库存成本。最终，企业需要在满足最低生产总成本的目标下实现综合计划的最佳安排。本文通过【例 4-2】进行具体过程的讲解。

【例 4-2】某家工厂的基础资料如表 4-5 所示，试运用线性规划法制订最小成本下的综合计划。

表 4-5　某家工厂的基础资料

时期	第 1 期	第 2 期	第 3 期
需求	550 件	700 件	750 件
生产能力			
正常时间	500 件	500 件	500 件
加班时间	50 件	50 件	50 件
外协	120 件	120 件	100 件
期初存货	100 件		

续表

单位成本		
正常时间	60 元	
加班时间	80 元	
外协	90 元	
单位存货持有成本	1 元/每期	
补货成本	3 元	

【解】（1）建立线性规划模型并求解，如表4-6所示。

表4-6　线性规划模型

生产期数		需求期数 第1期	需求期数 第2期	需求期数 第3期	未使用生产能力	总生产能力
期初存货		0	1	2	0	100
		100				
第1期	正常时间	60	61	62	0	500
		450	50			
	加班时间	80	81	82	0	50
			50			
	外协	90	91	92	0	120
			30		90	
第2期	正常时间	63	60	61	0	500
			500			
	加班时间	83	80	81	0	50
			50			
	外协	93	90	91	0	120
			20	100		
第3期	正常时间	66	63	60	0	500
				500		
	加班时间	86	83	80	0	50
				50		
	外协	96	93	90	0	100
				100		
需求		550	700	750	90	2 090

下面对表4-6的内容进行解释。

第1期的需求通过期初库存的100件和正常时间出产的450件来满足。

第2期的需求由第1期正常时间出产的50件、加班时间出产的50件、外协出产的30件和第2期正常时间出产的500件、加班时间出产的50件、外协出产的20件来满足。

第3期的需求由第2期外协出产的100件和第3期正常时间出产的500件、加班时间出产的 50 件、外协出产的 100 件来满足。

第 1 期有 90 件的外协合同的生产能力未被利用。

因此,该生产计划的总成本 =(100×0+450×60+50×61+50×81+30×91)+(500×60+50×80+20×90+100×91)+(500×60+50×80+100×90)=124 730 元

(2)根据表 4-6,各期的生产计划安排如表 4-7 所示。

表 4-7　各期的生产计划安排　　　　　　　　　　　　　　　单位:件

生产时期	期初	1 期	2 期	3 期
需求		550	700	750
正常时间		500	500	500
加班时间		50	50	50
外协		30	120	100
存货	100	130	100	0

补充说明:

① 本期中,单位存货持有成本为 1 元/期。因此,在每期中产生的单位存货持有成本移至下一期将会增加 1 元。此单位存货持有成本是存货所涵盖的时期长度的线性函数(单位存货每移动一个时期,单位存货持有成本增加 1 元)。

② 线性规划模型的应用条件是生产能力与需求必须相等,未使用生产能力是为了满足该条件。本题中,未使用生产能力没有花费任何额外费用,故表 4-6 中所显示的单位成本为 0。

③ 本题中使用存货即可满足需求,因此不需要补货。

④ 在第 1 期,使用期初存货的 100 件和正常时间生产的 450 件即可满足该期 550 件的需求。

4.4　主生产计划

主生产计划(Master Production Schedule,MPS)是描述企业生产什么、生产多少以及什么时段完成的生产计划,是把企业战略计划、综合计划等宏观计划转化为生产作业计划和采购计划等微观作业计划的工具,是企业物料需求计划的直接来源,是粗略平衡企业生产负荷和生产能力的方法,是联系市场销售和生产制造的纽带,同时也是企业生产管理部门开展生产调度与管理活动的权威性文件。

▶▶▶ 4.4.1　主生产计划概述

主生产计划是指每一具体的最终产品在每一具体时间段内的生产数量。主生产计划属于中期计划,是对综合计划的进一步细化。把综合计划具体化为具有可操作性的主生

产计划的目的是确定企业生产的最终产品的出产数量和出产时间。因此，企业需要将综合计划具体化为主生产计划，如表 4-8 所示。

表 4-8　综合计划和主生产计划

计划类别	产品类别	月份		
		1	2	3
综合计划	计算机/百台	1 000	1 500	1 200
主生产计划	台式计算机 A/百台	600	800	600
	台式计算机 B/百台	400	700	600

主生产计划是物料需求计划的输入部分之一，它与传统的产品出产进度计划在计划时间单位上略有不同，产品出产进度计划一般以月为计划时间单位，而主生产计划通常以周为计划时间单位。因此，主生产计划在生产计划体系中有着重要的作用，它的上下衔接关系如图 4-2 所示。

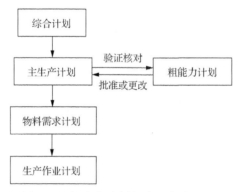

图 4-2　主生产计划的上下衔接关系

主生产计划的任务是企业根据年度综合计划的要求，对企业内部每个生产单位在较短时间内的生产任务做详细的安排，并明确实现的方法，从而保证企业按品种、数量、质量、期限全面完成生产任务，为企业的均衡生产创造条件，使企业的生产活动取得良好的经济效益。

▶▶▶ 4.4.2　主生产计划的编制

企业要想编制主生产计划，首先需要对综合计划进行分解和细化；其次，当一个方案被制订出来后，其需要与企业拥有的生产能力（各类资源：设备能力、人员、加班能力、外协能力等）相平衡。若该方案超出了企业的生产能力，企业就需要对其进行调整，直至得到符合资源约束条件的方案；若该方案在调整后仍不能满足资源约束条件，企业则需要对综合计划做出调整或者增加资源。因此，主生产计划的制订是一个反复试行的过程，最终的主生产计划需要得到决策机构的批准，然后作为物料需求计划的输入条件。

一般而言，主生产计划的编制包括汇集需求、存货和生产能力等信息，计算各期生产量，初步核算生产能力，编制粗能力计划，编制最终的主生产计划等几个步骤。

1. 汇集信息

主生产计划的编制的第一步是汇集需求、存货、生产能力等信息。需求包括顾客订单、市场需求预测以及企业内部其他部门的需求。

下面将通过【例 4-3】进行详细阐述。

【例 4-3】某企业需要生产两种类型的台式计算机，分为台式计算机 A 和台式计算机 B，目前采用备货型生产的方式。

（1）产品需求预测

产品需求预测来源于多种渠道，包括本部订单、市场预测以及已有的订单等，该企业每周的产品需求预测量经过汇总如表 4-9 所示。

表 4-9　某企业每周的产品需求预测量　　　　　　　　　　　　　　单位：台

需求来源	台式计算机 A 的需求量						台式计算机 B 的需求量					
	1	2	3	4	5	6	1	2	3	4	5	6
本部订单				20	10	10			10		10	10
市场预测及已有的订单	20	20	50	30	20	20	30	30	30	40	30	20
总计	20	20	50	50	30	30	30	30	40	40	40	30

（2）存货状态

台式计算机 A 的期初库存为 70 台。

台式计算机 B 的期初库存为 50 台。

台式计算机 A 的安全库存为 30 台。

台式计算机 B 的安全库存为 40 台。

（3）投产批量

台式计算机 A 每批投产 50 台。

台式计算机 B 每批投产 60 台。

（4）生产能力

总装配线每周可利用工时——100 小时。

平均生产一台台式计算机 A 的工时——0.9 小时。

平均生产一台台式计算机 B 的工时——1.6 小时。

2. 计算各期生产量

编制主生产计划的第二步是根据第一步汇集的产品需求以及相关信息，计算每周需要生产成品的数量以及期末库存量，得到的两种型号的台式计算机的产品计划生产量如表 4-10 所示。

表 4-10　产品计划生产量　　　　　　　　　　　　　　　　单位：台

产品	台式计算机 A						台式计算机 B					
周	1	2	3	4	5	6	1	2	3	4	5	6
期初库存量	70	50	30	30	30	30	50	80	50	70	90	50
需求量	20	20	50	50	30	30	30	30	40	40	40	30
存货余额	50	30	-20	-20	0	20	20	50	10	30	50	20
计划生产量	—	—	50	50	50	50	60	—	60	60	—	60
期末库存量	50	30	30	30	50	70	80	50	70	90	50	80

其中：

（1）存货余额=期初库存量-需求量

（2）计划生产量（成批生产）

　　　　=每批投产量（存货余额<安全库存量）

　　或者=0（存货余额≥安全库存量）

（3）期末库存量=期初库存量+计划生产量-需求量

3. 初步核算生产能力，编制粗能力计划

企业在安排生产之前，还需要对初步制订出的生产进度与粗能力计划进行比较，即总装配线在装配台式计算机 A 和台式计算机 B 时是过载还是欠载，以做调整。

根据汇总的生产能力的信息可知：总装配线每周可利用工时为 100 小时，生产每单位台式计算机 A 需用 0.9 小时，生产每单位台式计算机 B 需用 1.6 小时。接下来，我们需要依次解决如下问题。

（1）核算生产能力

计算生产进度所需的实际工时，也就是总装配线的工作负荷量，并与总装配线的可利用工时（装配能力）进行比对，如表 4-11 所示。

表 4-11　核算生产能力

产品	项目	1	2	3	4	5	6	合计
台式计算机 A	生产量/台	—	—	50	50	50	50	
	装配工时/小时	—	—	45	45	45	45	
台式计算机 B	生产量/台	60	—	60	60	—	60	
	装配工时/小时	96	—	96	96	—	96	
工作负荷量/小时		96		141	141	45	141	564
装配能力/小时		100	100	100	100	100	100	600

其中：第 3 周生产台式计算机 A 的装配工时为 50×0.9=45 小时，生产台式计算机 B 的装配工时为 60×1.6=96 小时，因此第 3 周合计工作负荷量为 141 小时。

（2）检查过载还是欠载

从合计来看，若按照初步制定的生产进度安排，总装配线的工作负荷量为 564 小时，

装配能力为 600 小时，能够满足生产要求。但是第 3、4、6 周的装配能力均达不到工作负荷量的要求，属于过载状态；且在第 2、5 周，总装配线的装配能力剩余较多，属于欠载状态。因此，企业需要调整总装配线的工作负荷量。

（3）调整生产能力

企业可以将初步制定的生产进度安排的周生产量向前移动，以使总装配线平衡生产。具体方法：将台式计算机 A 第 4、6 周的生产量分别移动到第 3、5 周；将台式计算机 B 第 3 周的生产量向前移动到第 2 周。调整后的总装配线的粗能力计划如表 4-12 所示。

表 4-12　调整后的粗能力计划

产品	项目	1	2	3	4	5	6	总计
台式计算机 A	生产量/台	—	—	100	—	100	—	
	装配工时/小时	—	—	90	—	90	—	
台式计算机 B	生产量/台	60	60	—	60	—	60	
	装配工时/小时	96	96	—	96	—	96	
工作负荷量/小时		96	96	90	96	90	96	564
装配能力/小时		100	100	100	100	100	100	600

拓展阅读

粗能力计划

主生产计划的初步方案是否可行需要根据资源约束条件来衡量，资源约束条件主要是指对生产能力的约束。企业通常用粗能力计划来检查主生产计划的可行性。

粗能力计划主要用于核定瓶颈工作中心、人力和原材料资源是否支持主生产计划，粗能力计划是指在全年生产能力核定的基础上，进一步检查每月或每周关键工序（瓶颈工序）的工时能否支持主生产计划。

4. 编制最终的主生产计划

按照调整后的粗能力计划，重新编制主生产计划，如表 4-13 所示。

表 4-13　主生产计划　　　　　　　　　　　　　　　　　单位：台

产品	项目	1	2	3	4	5	6
台式计算机 A	期初库存量	70	50	30	80	30	100
	需求量	20	20	50	50	30	30
	计划生产量	—	—	100	—	100	—
	期末库存量	50	30	80	30	100	70
台式计算机 B	期初库存量	50	80	110	70	90	50
	需求量	30	30	40	40	40	30
	计划生产量	60	60	—	60	—	60
	期末库存量	80	110	70	90	50	80

综上所述，主生产计划的编制过程是先制订一个初步的方案，检查其是否符合综合计划与资源约束条件的要求；如若不满足，再进行调整，直到合适为止。因此，主生产计划的编制过程是一个反复计算以求平衡的过程。同时，主生产计划的编制步骤可总结如下：第一步，汇集需求、存货、生产能力等信息；第二步，计算每周需要生产的成品的数量以及期末库存量，形成初步的生产进度；第三步，初步核算生产能力（每个工作中心的生产设备负荷量），调整粗能力计划；第四步，编制最终的主生产计划。

4.5 物料需求计划

物料需求计划（Material Requirement Planning，MRP）是企业根据产品结构中各层次物品的从属和数量关系，以每个物品为计划对象，以完工时间为时间基准倒排计划，按提前期长短区别各个物品，下达计划时间的先后顺序，是企业内的一种物资计划管理模式。

MRP 系统是 20 世纪 60 年代发展起来的一种计划物料需求量和需求时间的计算机信息系统，起源于美国的 J.A.奥列基博士提出的独立需求与相关需求概念，是专为辅助企业进行从属需求库存管理及制订补充订货计划而开发的。这里的"物料"泛指所有的材料、在制品、半成品、外购件和产成品。

▶▶▶ 4.5.1 物料需求计划的原理

1. 物料需求计划的基本思想

物料需求计划的基本思想是企业围绕物料转化来组织制造资源，能够按照需要准时生产并交货。对于加工装配型企业而言，如果企业确定了产品的出产数量和出产时间，就可根据物料清单（Bill of Material，BOM）与各种零部件的生产周期，按反工艺顺序进行逆推，确定所有零部件的出产数量和出产时间，直至确定所有原材料的出产数量和出产时间。物料在转化过程中需要不同的制造资源（机器、设备、场地、工具、工艺装备、人力和资金），有了各种物料的投入、出产的时间和数量，企业就可以确定所需的制造资源的数量和时间，这样企业就可以顺利地开展生产活动。

物料需求计划的基本内容是编制零部件的生产作业计划和采购计划。企业要想正确编制物料需求计划，首先必须编制主生产计划，主生产计划是编制物料需求计划的依据；企业编制物料需求计划还需要知道 BOM 才能把主生产计划的成品展开成零部件；同时，企业必须知道零部件的库存数量，才能准确计算出零部件的采购数量。

MRP 系统的运作流程由输入、计算处理和输出 3 部分组成，如图 4-3 所示。MRP系统的运作机制是首先输入相关信息，包括根据顾客订单和需求预测生成的主生产计划、

BOM 和库存信息；接着是计算处理，运用计算机程序自动进行计算处理，明确零部件的需求量、需求时间，制订生产作业计划和采购计划；最后是输出，确认和打印报告，并据此下达计划任务。MRP 系统的输入内容会在之后的部分详细阐述，输出内容包括生产作业计划和采购计划等主报告，还包括模拟需求方案的仿真报告和与财务相关的绩效控制报告等辅助报告。

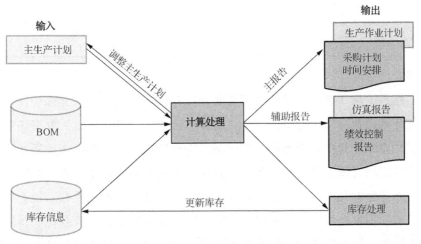

图 4-3　MRP 系统运作流程

2. MRP 系统的输入

MRP 系统的输入主要包括主生产计划、BOM 和库存信息。

（1）主生产计划

主生产计划是描述企业最终产品生产进度安排的计划，表示在计划期内的每个时间段计划生产的每种产品的数量。主生产计划以最终产品为对象，是 MRP 系统的驱动力。

（2）BOM

BOM 是对最终产品的零部件和原材料构成，以及零部件和原材料在数量和先后顺序上的相互关系的完整描述。在实际工作中，简单产品可以通过产品结构图来表示，如图 4-4 所示；复杂产品则需要用 BOM 表示，如表 4-14 所示，BOM 一般有缩排式与单层式两种。

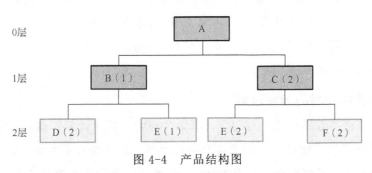

图 4-4　产品结构图

表 4-14　BOM

缩排式	单层式
A 　B（1） 　　　　D（2） 　　　　E（1） 　C（2） 　　　　E（2） 　　　　F（2）	A 　　　　B（1） 　　　　C（2） B 　　　　D（2） 　　　　E（1） C 　　　　E（2） 　　　　F（2）

（3）库存信息

库存信息是记录 MRP 系统中的所有物料库存情况的文件，该文件统计、记录着每项物料的实际存储状况。企业应当订什么物料、订多少、何时发出订单等许多重要信息都存储在该文件中。其中，查阅出入库记录是企业获取最新库存状态的基本方式，出入库记录包括发出新订单、接收预定到货、对预定到货的期限做出调整、提取库存、取消订单、修正库存数据误差、拒绝发货，以及核定报废损失和审核库存退货。

库存信息的基本功能是记录和保存每种物料的有关数据，明确各种物料的预计使用量和预计入库量，以确定每期所需物料能否得到满足，并在不能满足时导出该物料的订货时间和订货量，以为企业做出订货决策提供依据。库存信息主要由以下信息构成：总需求量、预计到货量、预计库存量、计划到货量和计划发出订单。

▷▷▷ 4.5.2　物料需求计划的编制

1. 物料需求计划的编制过程

物料需求计划的编制过程主要包括以下几个步骤。

① 根据产品的结构层次，逐层将产品展开为零部件，生成 BOM。

② 根据规定的期量标准（提前期），按产品的出产日期逆工序倒排，编制零部件的生产计划，并根据产品的计划产量计算零部件的毛需求量。

③ 根据零部件的毛需求量和该零部件的待分配库存量计算净需求量，再根据选择批量的原则和零部件的具体情况，确定零部件的实际投产批量和投产日期。

净需求量=毛需求量-待分配库存

④ 对于外购的原材料和零部件，先根据 BOM 按品种规格进行汇总，再根据它们的采购提前期确定订购的日期和数量。

2. 物料需求计划的编制过程

下面以一家生产收纳箱的企业为例，具体介绍物料需求计划的编制过程。

【例 4-4】一家生产收纳箱的企业接到两份订单，第一份订单需要 1 000 个收纳箱，要求第 5 周末交货，第二份订单需要 1 500 个收纳箱，要求第 8 周末交货，如表 4-15 所示。1 个收纳箱由 1 个盖子和 1 个箱体构成，箱体由企业自制，生产周期为 1 周，盖子需要采购，采购提前期为 2 周；每个箱体由 1 个壳体和 2 个卡扣构成，壳体和卡扣的生产提前期均为 1 周。收纳箱的组装周期为 1 周，收纳箱的产品结构图如图 4-5 所示。第 1 周时，企业仅有壳体库存 500 个，其余物料均无库存。为保证订单按时完成，试编制收纳箱的物料需求计划。

【解】

表 4-15　收纳箱的需求订单

周数	1	2	3	4	5	6	7	8	9
数量/个	0	0	0	0	1 000	0	0	1 500	0

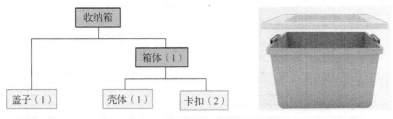

图 4-5　收纳箱的产品结构图

收纳箱的物料需求计划的具体编制过程如表 4-16～表 4-20 所示。

表 4-16　收纳箱的生产计划

项目	类目	周次							
		1	2	3	4	5	6	7	8
收纳箱 TL=1 周	毛需求量					1 000			1 500
	待分配库存								
	净需求量					1 000			1 500
	计划收到订货					1 000			1 500
	计划发出订货				1 000			1 500	

表 4-17　盖子的采购计划

项目	类目	周次							
		1	2	3	4	5	6	7	8
盖子 TL=2 周	毛需求量				1 000			1 500	
	待分配库存								
	净需求量				1 000			1 500	
	计划收到订货				1 000			1 500	
	计划发出订货		1 000			1 500			

表 4-18　箱体的生产计划

项目	类目	周次							
		1	2	3	4	5	6	7	8
箱体 TL=1周	毛需求量				1 000			1 500	
	待分配库存								
	净需求量				1 000			1 500	
	计划收到订货				1 000			1 500	
	计划发出订货			1 000			1 500		

表 4-19　壳体的生产计划

项目	类目	周次							
		1	2	3	4	5	6	7	8
壳体 TL=1周	毛需求量			1 000			1 500		
	待分配库存			500					
	净需求量			500			1 500		
	计划收到订货			500			1 500		
	计划发出订货		500			1 500			

表 4-20　卡扣的生产计划

项目	类目	周次							
		1	2	3	4	5	6	7	8
卡扣 TL=1周	毛需求量			2 000			3 000		
	待分配库存								
	净需求量			2 000			3 000		
	计划收到订货			2 000			3 000		
	计划发出订货		2 000			3 000			

其中：

① 待分配库存即实际库存量；

② 计划收到订货是各期初始显示的期望接受量，在配套批量订货条件下，就是净需求量；

③ 计划发出订货是各期计划订货量，等于抵消采购提前期或生产提前期影响后的计划收到订货；

④ TL 表示生产提前期或采购提前期。

▶▶▶ 4.5.3　MRP II 和 ERP

1. MRP II 介绍

物料需求计划可以将产品出产计划变成零部件投入出产计划和外购件、原材料的需求计划，但计划需要与企业的生产能力相匹配，因此物料需求计划需要发展成为闭环MRP。闭环 MRP 的"闭环"实际上有双重含义，一方面，它不单纯考虑物料需求计划，同时还考虑企业自身的生产能力等，以从企业外部到企业内部形成闭环；另一方面，根据控制论的观点，计划在制订与实施之后需要取得反馈信息，以便修改计划和对其进行控制，从而形成闭环。

采用闭环 MRP 能准确计算出零部件投入出产的数量和时间，也能精确地计算和记录所有库存量。但这时的物料需求计划仍然局限于生产制造领域，其重点在于生产进度计划，其目的是通过该计划满足主生产计划中所确定的物料需求。当管理人员认识到除了生产运营部门之外，MRP 系统中的信息对其他职能部门也很有用时，MRP 系统就逐渐与企业的财务系统及其他核心流程和支持流程紧密联系在一起，涵盖了整个企业的管理，包括销售、生产、库存、成本、人力资源等的管理。1977 年 9 月，美国生产管理学家奥列弗·怀特建议赋予功能扩大后的 MRP 系统一个新名称——制造资源计划（Manufacturing Resource Planning）。为了表明它是物料需求计划的延续和发展，它也称为 MRPⅡ。

MRPⅡ能够提供一个完整而详尽的计划，使企业的生产系统、财务系统、销售系统、供应系统和技术系统协调一致，享用共同的数据。MRPⅡ消除了重复工作和信息不一致的问题，提高了整体的效率。

2. ERP 介绍

20 世纪 80 年代，物料需求计划在世界范围内得到广泛应用。同时，随着现代管理思想和方法的不断发展，物料需求计划发展到了新的阶段——企业资源计划（Enterprise Resource Planning，ERP）阶段。

1990 年年初，美国一家信息技术分析公司根据信息技术的发展情况和供应链管理的需要，对制造业管理信息系统的发展趋势进行了预测，并发表了以 ERP 为题的研究报告，在文中首次提出了 ERP 的概念。

ERP 是在 MRPⅡ的基础上发展起来的，它以供应链管理思想为基础，以先进的计算机及网络通信技术为运行平台，是能对供应链合作伙伴之间的物流、资金流、信息流进行全面集成的管理信息系统。它的基本思想是对企业供应链上的各项业务流程全面进行优化与集成，使企业与供应商、顾客能够真正联系在一起，进而通过顾客需求信息来拉动企业的决策和管理。可见，ERP 是 MRPⅡ进一步发展的产物，两者的核心内容仍然一致。

ERP 是现代企业的大型集成化管理信息系统的典型代表，它除了充分体现先进信息计划的综合运用，充分实现信息资源的共享与企业资源的集成外，更重要的是能充分体现企业对管理思想与方法的综合运用。企业可以通过使用成熟的 ERP 系统软件来吸引行业的最佳实践和优秀业务流程，以改善企业绩效和增强企业竞争力。目前，主要的 ERP

系统软件包括国外的 SAP、Oracle、BAAN 等，以及国内的用友、金蝶、神州数码、天思等。然而，ERP 的实施是复杂的，涉及企业的组织结构、业务流程乃至管理模式，可能会对企业员工的观念产生冲击。这使 ERP 的实施成为一项复杂的、耗资巨大的工程，ERP 的成功实施要求企业必须树立正确的管理理念，还要有良好的方法论做指导。

4.6 生产作业计划

4.6.1 生产作业计划概述

生产作业计划是生产计划的具体执行计划，由物料需求计划得出，是企业对内部各项资源的使用所做的具体安排。生产作业计划把企业全年的生产任务分配到各车间、工段、班组甚至每个工作地和工人，规定详细时间段内的生产任务，从而保证企业可以按品种、质量、数量、期限和成本要求完成相应的生产任务。

生产作业计划包含的具体内容如下。

1. 编制企业各层次的生产作业计划

企业各层次的生产作业计划主要包括企业全厂的生产作业计划和车间内部的生产作业计划，即将生产计划在空间、时间和计划单位上进一步细分，层层落实到车间、工段、班组、工序和每个工人。企业根据生产任务的要求具体规定做什么、谁去做、怎样做、什么时间做、什么时间完成。企业编制生产作业计划，可以使生产活动协调一致，全面完成生产计划的各项内容。

2. 做好生产作业准备

企业按照生产作业计划要求的时间和数量，将生产所需的原材料、半成品、工艺设备、燃料动力、辅助材料、产品图纸及工艺文件等准备好，准时送到生产现场，以保证生产作业计划的实施。

3. 设备和生产面积的负荷计算和平衡

企业对各种设备的负荷状况进行具体的核算，使设备加工能力能够满足生产任务的要求。当出现设备加工能力不足时，企业要采取切实有效的措施解决这一问题，并加强对瓶颈环节和关键设备的控制。

4. 制订或修改期量标准

期量标准又称作业标准，是企业为了合理组织生产活动而在生产产品或零部件的数量和生产期限方面规定的标准。科学合理的期量标准是编制生产作业计划的重要依据，它是保证生产的配套性、连续性，充分利用设备加工能力的重要条件。制订合理的期量标准对准确确定产品的投入和出产时间、做好生产过程各环节的衔接、缩短产品生产周期、减少企业在制品占用等方面，都有重要的作用。

5. 生产作业控制

在产品生产过程中，由于受到内外部、主客观、技术和管理等各种因素的影响，实际运作过程和预定计划在时间、数量、质量和成本等方面都可能发生偏差。生产作业控制就是要求企业通过各种生产信息的反馈，检查和发现实际与计划的偏差，并采取措施予以纠正，使生产过程恢复至正常状态。生产作业控制主要包括生产调度、进度控制等。

▶▶▶ 4.6.2 不同生产运作类型下的生产作业计划

生产运作类型可以划分为大量生产、成批生产和单件小批生产几种类型，而不同生产运作类型下的生产作业计划的编制过程有所区别。

生产作业计划的主要决策问题包含 3 个方面：确定批量的大小，确定适当的生产顺序，安排合理的生产进度日程。

1. 期量标准

期量标准是企业为制造对象（产品、零部件）在生产期限和生产数量方面所规定的标准数据，制订期量标准，实质上就是科学地规定生产过程中的各个环节之间在生产数量和生产期限上的内在联系。

为了科学地制订期量标准并充分发挥其作用，企业必须建立健全的期量标准管理制度。由于企业的生产运作类型不同，生产过程中的各个环节在生产期限和生产数量方面的联系方式也就不同，因此形成了不同的期量标准，如表 4-21 所示。

表 4-21　不同生产运作类型的期量标准

生产运作类型	期量标准
大量生产	节拍、流水线工作指示图标、在制品定额
成批生产	批量、生产间隔期、生产周期、提前期、在制品定额
单件小批生产	生产周期、提前期

2. 大量生产的生产作业计划

大量生产的主要特点是品种少而稳定，产量大而重复，工作地专业化程度高，生产过程按工艺流程顺序可划分为车间、工段、班组等生产单位，一般采用流水线的生产方式。企业通过标准化的设备和作业活动，重复地、平滑地生产标准化的产品。大量生产的生产过程是连续的，各生产单位之间按工艺流程依次提供半成品，以保证各生产环节的衔接。

大量生产的生产作业计划的编制方法是在制品定额法。在制品定额法也叫连锁计算法，是指运用在制品定额，结合在制品实际结存量的变化，按产品反工艺顺序，从产品出产的最后一个车间开始，逐个往前推算各车间的投入、出产任务。在制品定额法用在制品定额作为调节生产任务量的标准，以保证车间之间的衔接。这种编制生产作业计划的方法主要适用于大量生产的企业。其计算方式如公式（4-2）和公式（4-3）所示。

$$N_{出} = N_{后投} + N_{售} + (Z_{末库} - Z_{初库}) \qquad (4\text{-}2)$$

$$N_{投} = N_{本出} + N_{废} + (Z_{末内} - Z_{初内}) \qquad (4\text{-}3)$$

式中：$N_{出}$——某车间出产量；

$\qquad N_{后投}$——后一车间投入量；

$\qquad N_{售}$——本车间半成品销售量；

$\qquad Z_{末库}$——期末库存半成品定额；

$\qquad Z_{初库}$——期初库存半成品预计持存量；

$\qquad N_{投}$——某车间投入量；

$\qquad N_{本出}$——本车间出产量；

$\qquad N_{废}$——本车间计划允许的废品量；

$\qquad Z_{末内}$——期末车间在制品定额；

$\qquad Z_{初内}$——期初车间在制品预计结存量。

在实际工作中，企业在运用在制品定额法编制生产作业计划时，一般都会采用车间生产任务计算表。为了更深入介绍整个计算过程，下面以某冰箱厂为例，其各车间的月计划如表 4-22 所示，计算其计划期内车间的出产量和投入量。

表 4-22　各车间的月计划

部门	项目	编号	数量（个）
总装车间	出产量	①	18 000
	废品	②	0
	在制品定额	③	800
	期初预计在制品占用量	④	600
	投入量	⑤=①+②+③-④	18 200
箱体库	半成品外销量	⑥	300
	库存定额	⑦	1 000
	期初预计在制品占用量	⑧	800
箱体车间	出产量	⑨=⑤+⑥+⑦-⑧	18 700
	废品	⑩	50
	在制品定额	⑪	1 800
	期初预计在制品占用量	⑫	1 300
	投入量	⑬=⑨+⑩+⑪-⑫	19 250
毛坯库	半成品外销量	⑭	0
	库存定额	⑮	
	期初预计在制品占用量	⑯	

部门	项目	编号	数量（个）
下料车间	出产量	⑰=⑬+⑭+⑮-⑯	
	废品	⑱	
	在制品定额	⑲	
	期初预计在制品占用量	⑳	
	投入量	㉑=⑰+⑱+⑲-⑳	

大量生产的企业采用的是非常昂贵的自动化或专业化的加工处理设备，如何使系统维持大量、稳定的产出就显得很重要。为了实现系统的连续性，维持系统的平滑运转，与生产运作相关的各个部门必须密切协作，使所设计的流程更平滑，产品设计更具可制造性，设备管理要实行预防维修制，提高故障发生时的快速修理能力，加强生产过程中的质量控制，提高原材料、零部件供应的可靠性，最终确保生产运作系统的高效运转。

3. 成批生产的生产作业计划

成批生产的主要特点是相似的品种规格较多，各种产品的产量大小不一，而且每种产品都是间断或连续地分批生产，批量大小不同，生产周期长短也不同，在生产过程中，多种产品、多个批次在同一时间内的同一加工阶段或不同加工阶段中大都在平行地进行加工，这些就是成批生产的特点和规律。因此，编制成批生产的生产作业计划比较复杂，企业在编制这类生产作业计划时，主要应使各生产单位、各生产环节在品种、数量和时间上协调衔接。

成批生产的生产作业计划常用的编制方法是提前期累计编号法。由于成批生产时，各个时期生产的产品品种、数量不稳定，甚至在同一个月内生产的产品品种都不同，因而在制品数量也不稳定，但是由于成批轮番生产的产品的生产周期和提前期等期量标准比较固定，企业只要根据各车间承担生产产品的工艺或零部件比成品出产应提前的时间（提前期）来安排车间的任务，就可保证各车间之间生产的制品在时间和数量上协调衔接。

成批生产的生产作业计划的编制步骤如下。

① 按照预先制订的提前期标准，计算各车间在计划期内应该达到的出产和投入累计号数，计算方式如公式（4-4）和公式（4-5）所示。

$$M_{出} = M_{后} + T_{出} \times N_{日} \qquad (4-4)$$

$$M_{投} = M_{后} + T_{投} \times N_{日} \qquad (4-5)$$

式中：$M_{出}$——某车间计划期出产累计号数；

$M_{投}$——某车间计划期投入累计号数；

$M_{后}$——后一车间计划期出产累计号数；

$T_{出}$——本车间出产提前期；

$T_{投}$——本车间投入提前期；

$N_日$——成品出产平均日产量。

② 计算各车间在计划期内应完成的出产量和投入量，具体计算方式如公式（4-6）和公式（4-7）所示。

$$N_出 = M_出 - M_{初出} \tag{4-6}$$

$$N_投 = M_投 - M_{初投} \tag{4-7}$$

式中：$N_出$——某车间计划期出产量；

$N_投$——某车间计划期投入量；

$M_{初出}$——计划期已达到的出产累计号数；

$N_{初投}$——计划期已达到的投入累计号数。

③ 若是严格按照批量进行生产，则计算出的车间出产量和投入量还应按各种零部件的批量进行修正，即把不足一批的批量删去。

4．单件小批生产的生产作业计划

单件小批生产的主要特点是品种多而复杂，产量少且很少重复生产。大多数单件小批生产是根据订货合同和顾客的临时需求而进行的一次性生产，而且生产周期都比较长。因此，编制单件小批生产的生产作业计划主要是为保证各生产环节在时间上紧密衔接，最大限度地缩短生产周期，并使设备负荷均衡，保证及时完成生产计划，满足顾客的需求。

编制单件小批生产的生产作业计划，需要解决两个方面的问题：第一，保证交货期；第二，保证企业各生产车间之间相互衔接。为了实现这两个目标，单件小批生产的企业经常使用生产周期法编制生产作业计划。此种方法适用于根据订货组织生产的单件小批生产的企业。这类企业在编制生产作业计划时，关键问题是使这一种（或一批）产品在各车间的出产和投入时间能够相互衔接起来，保证按时交货。

单件小批生产的生产作业计划的编制方法主要是生产周期法，具体的编制步骤如下。

① 根据合同规定的交货期，采用网络计划技术，为每一项订货编制生产周期进度表，它是单件小批生产的企业的主要期量标准。

② 根据合同规定的交货期和生产周期进度表，为每一项订货编制一份订货生产说明书，详细规定该产品在某一车间的投入和出产时间，订货生产说明书的格式如表 4-23 所示。

表 4-23　订货生产说明书的格式

订货编号	交货期	成套部件编号	工艺路线	投入期	出产期
203	5 月 31 日	210	铸工车间	3 月 20 日	4 月 15 日
			机械车间	4 月 25 日	5 月 10 日
			装配车间	5 月 15 日	5 月 31 日
		211	铸工车间	3 月 15 日	4 月 5 日
			机械车间	4 月 10 日	5 月 5 日
			装配车间	5 月 10 日	5 月 31 日

③ 根据订货生产说明书，编制月度生产作业计划初稿。具体做法是将各项订货在计划月份应该投入和出产的部分列出来，然后按车间归类、汇总，形成计划月份各车间的投入、出产任务，这就是单件小批生产的月度生产作业计划初稿。

④ 分车间、科室进行任务与能力的平衡。任务与能力平衡后，形成计划月份的生产作业计划正稿，企业向各车间、科室下达计划月份的生产作业计划正稿，此计划规定了各工艺阶段的投入时间、出产时间、品种、数量。

本章小结

生产计划是企业生产运作管理的依据，也是生产运作管理的核心内容。生产运作计划系统是一个包括生产能力、综合计划、主生产计划、物料需求计划、生产作业计划等相关职能和计划，并以生产控制信息的迅速反馈连接构成的复杂系统。本章主要介绍生产运作计划系统的相关职能和计划，首先介绍了生产计划体系的层次结构，并根据它们之间的逻辑关系，详细阐述了从综合计划到生产作业计划的编制，其中重点是主生产计划的含义与编制过程。总体而言，生产计划对企业至关重要，周密统一的生产计划有利于企业顺利地组织生产活动，及时满足顾客的需求，并且能够降低企业的成本，提升企业的服务质量，从而增强企业的竞争力。

课后练习

一、名词解释

1. 生产能力

2. 产品品种指标

3. 综合计划

4. 主生产计划

5. 物料清单

二、单项选择题

1. （   ）的计划期一般为3～5年，它是企业对生产、技术、财务等方面重大问题的规划，提出了企业的长远发展目标以及为实现目标所制订的战略计划。

　　A．长期生产计划　　　　　　　B．中期生产计划

　　C．短期生产计划　　　　　　　D．主生产计划

2. （   ）指标是指企业在计划期内应当生产和提供的符合质量标准和满足要求的实物数量和服务数量，反映了企业的生产能力水平。

　　A．产品产值　　B．产品品种　　　C．产品产量　　　D．产品质量

3．当企业生产的产品品种较多，且产品结构和工艺过程各异时，企业应采用（　　）来表示其生产能力。

    A．代表产品　　　B．假定产品　　　　C．复杂产品　　　D．单一产品

4．综合计划的编制方法中，图表法也称为（　　），即通过绘制简单的图表，使综合计划制订者能够对企业的需求和生产能力进行直观的对比，并依据每种方案的成本最小化原则选择最优方案。

    A．线性规划法　　B．反复试算法　　　C．单一计算法　　　D．直观法

5．（　　）是指每一具体的最终产品在每一具体时间段内的出产数量，它属于中期计划，目的是确定企业生产的最终产品的出产数量和出产时间。

    A．综合计划　　　B．主生产计划　　　C．物料需求计划　　D．生产作业计划

6．物料需求计划的基本内容是编制零部件的生产作业计划和（　　）的依据。

    A．采购计划　　　B．生产进度安排　　C．主生产计划　　　D．能力计划

7．（　　）是在 MRP II 的基础上发展起来的，它以供应链管理思想为基础，以先进的计算机及网络通信技术为运行平台，是能将供应链合作伙伴之间的物流、资金流、信息流进行全面集成的管理信息系统。

    A．MRP　　　　　B．主生产计划　　　C．综合计划　　　　D．ERP

三、计算题

1．一家生产工业用小型发电机的企业想编制 6、7 月的主生产计划。营销部门预测 6 月有 120 台发电机的需求，7 月有 160 台发电机的需求。它们被平均分配到了每个月的四周中：6 月每周的发电机的需求为 30 台，7 月每周的发电机的需求为 40 台，如表 4-24 所示。另外，期初库存有 40 台发电机，安全库存为 10 台发电机，每批安排生产 45 台发电机，顾客暂无其他订单。假设该企业的生产能力完全能够满足生产需求，试编制该工业用小型发电机的主生产计划。

表 4-24　发电器需求预测

月份	6				7			
周次	1	2	3	4	1	2	3	4
需求	30	30	30	30	40	40	40	40

2．某木制百叶窗工厂收到两份订单：第一份订单要求在第 4 周末交货，订 100 个；第二份订单要求在第 8 周末交货，订 150 个。木制板条为自制，需要 1 周；框架需订购，订购提前期为 2 周；组装木制百叶窗需要 1 周。第 1 周时，木制板条有库存 70 套。木制百叶窗的主生产计划如表 4-25 所示。

表 4-25　木制百叶窗的主生产计划

周次	1	2	3	4	5	6	7	8
数量				100				150

木制百叶窗的 BOM 如图 4-6 所示。

图 4-6　木制百叶窗的 BOM

试编制其物料需求计划。

四、实训作业

分组实地或者利用网络调查熟悉的企业（制造型企业或服务型企业）的生产计划体系，企业制订生产计划的过程、方法及呈现方式，以团队作业的形式提交。

第 5 章
生产调度与控制

 能力目标

能够合理进行生产调度，保证生产作业计划的顺利实施。

能够运用各类工具来进行全过程的生产进度控制。

能够开展生产成本控制工作。

 知识目标

掌握生产调度的作用与内容。

了解生产调度系统。

了解工票、加工路线单、调度板。

掌握投入进度控制、工序进度控制与出产进度控制。

掌握生产成本控制的内容、程序与方法。

 本章知识框架

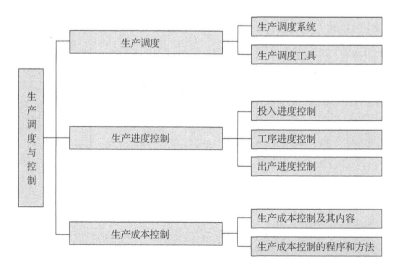

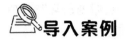**导入案例**

哪种生产安排方式好？

富力公司是一家生产杯子的公司，现有一批新款杯子需要分配给第一车间和第二车间进行生产。这两个车间的员工数量基本相同，而且对于原来的杯子的加工工艺与技能都已经较为熟练，目前这两个车间的员工都没有生产过这一新款杯子。

第一车间的车间主任将一个杯子的加工过程分为 10 道工序，每个工人从事其中 1 道工序，这样工人只需要掌握自己熟悉的工序即可，操作相对熟悉简单。第二车间的车间主任将生产工序归并到 4 个岗位上，并规定每个员工都要在这些岗位上轮换工作，以使大家都能熟练掌握生产新款杯子的全部工序。在开始的两个月，第二车间的生产进度明显比第一车间的慢，但是从第三个月开始，第二车间的员工基本都掌握了生产新款杯子的全部工序，对于车间的安排较为满意，甚至都在努力提高自身的技术水平。很快，第二车间的生产进度超越了第一车间，并且一直保持着生产进度优势。

试分析：

（1）第二车间的生产进度超越了第一车间，这说明了什么？

（2）是否在任何情况下，第二车间的车间主任的安排都比第一车间的车间主任的安排有效？

生产调度与控制是生产作业控制的基本方法，生产作业控制是指企业在生产作业计划执行过程中，为保证生产作业计划的目标的实现而进行的监督、检查、调度及纠正偏差等工作。企业在生产作业计划的执行过程中，必然会遇到一些意想不到的情况和矛盾，导致出现新的不平衡现象，影响生产作业计划的完成，因此企业需要对该过程进行监督和检查，并及时采取措施，以保证生产作业计划的实现，这就是生产作业控制工作。

5.1 生产调度

▶▶▶ 5.1.1 生产调度系统

生产调度就是企业组织执行生产进度计划的工作。生产调度以生产进度计划为依据，生产进度计划要通过生产调度来实现。生产调度的必要性是由工业企业生产活动的性质决定的。现代工业企业生产环节多，协作关系复杂，生产连续性强，某一局部发生故障或某一措施没有按期实现，往往会波及整个生产运作系统的运行。因此，加强生产调度工作，对企业及时了解、掌握生产进度，研究分析影响生产的各种因素，根据不同情况采取相应对策，以缩小与竞争对手的差距或使生产运作系统恢复正常是非常重要的。

生产调度工作是指企业要及时、全面地了解生产过程，按照实际情况组织生产活动，及时采取有效措施，处理生产过程中出现的各种矛盾和不平衡现象，克服薄弱环节，使生产过程中的各个环节都能够协调地进行，保证生产作业计划的全面完成。

1. 生产调度的作用

（1）保证生产过程顺利运行

在生产作业计划的执行过程中，无论计划编制得多么完美、精确，也总会出现一些偶然的、不可预见的问题。在实际的生产过程中，情况复杂多变，问题的影响因素既有主观因素，也有客观因素。这些问题一旦出现，小则造成生产被动，大则造成生产过程中断，生产作业计划难以完成。而生产调度就是指企业要及时了解、掌握这些影响因素，组织有关部门和人员处理解决这些不平衡因素，消除隐患，以保证生产过程安全运行，保证生产作业计划按要求实现。企业只有通过生产调度，才能及时解决生产过程中随时可能出现的矛盾，维持生产过程的正常运行。

（2）收集生产动态和有关数据

生产调度不仅要组织实现生产计划，而且在组织生产过程中，有许多工艺、设备、环保、安全、质量、供应、销售、服务等方面的动态情况和许多原始数据需要被及时、准确地记录下来，这是一项十分重要的基础工作。及时、准确地记录下这些情况和数据，就能及时地为各部门了解生产、指挥生产提供真实可靠的依据。

（3）协调关系，传达领导指示

现代企业的生产逐步趋向深度加工、联合加工，领导管理呈现多层次、宽幅度的趋势。因此，协调好上下级和内外部关系，对保证生产过程的正常运行起着重要的作用。协调能力既是一种工作艺术，又是生产调度作用进一步发挥的体现。生产调度人员既要与生产部门紧密联系，还需要与其他部门人员联系，而且需要随时在岗，这就决定了生产调度人员处于生产指挥的中心位置。各级领导对生产管理的指示均需通过生产调度人员传达下去，并通过他们进行反馈。

2. 生产调度的内容

生产调度的主要内容是企业及时了解、掌握、预防和处理生产作业计划执行过程中可能出现的偏差，保证整个生产过程协调进行。为了做好生产调度工作，企业通常都设有生产调度机构。生产调度机构的设置因企业的生产规模、生产类型和具体的生产特点的不同而存在差异。

一般情况下，企业设厂部、车间和工段3级调度组织。厂部设总调度室，由生产副厂长（副总经理）负责；车间设车间计划调度组，由车间主任负责；工段（班组）设调度人员，由工段长（班组长）负责；劳动、工具、运输、供应等部门根据实际需要也可以设立专门的调度组织。这样就形成了一个统一、集中和健全的生产指挥系统。要保证生产过程均衡、协调地进行，生产调度工作必须由厂部总调度室全面控制、统一指挥。各部门、各环节都要服从总调度室的安排和指挥，以保证顺利完成生产作业计划。

不同的行业，生产调度的内容不尽相同。一般来说，生产调度的内容主要包括以下几个方面。

① 按照生产作业计划规定的产品品种、数量、质量、期限和成本等要求，指挥企业的日常生产活动，检查生产作业计划的执行情况，特别是关键产品、零部件，必须按照各工艺阶段规定的出产和进度要求按期完成生产任务，及时发现生产作业计划执行过程中的问题，并采取措施予以解决。

② 检查、督促、协调各有关部门，及时做好各项生产准备工作，包括生产技术设备检查、设备运行状况检查、物资供应检查等工作，保证生产作业计划得以顺利实施。

③ 合理调配各生产环节的劳动力，并且与有关部门密切配合，保证各个生产环节、各道工序协调运作，并做好生产过程中的原材料、标准件、半成品、工具等物资供应和厂内运输工作。

④ 检查生产设备的利用情况，做好设备的维护、保养工作，若发生设备事故，需要具备迅速组织力量抢修的能力。

⑤ 进行轮班、昼夜、周、旬及月计划完成情况的统计，检查各个生产环节中生产作业计划的执行情况，及时发现问题，找出原因，并采取纠正措施。若需要调整生产作业计划，必须及时向车间主任和总调度室汇报，取得同意后方可进行调整。

⑥ 组织好厂级和车间的调度会议，监督并执行调度会议决议，统计分析月、周或日计划的完成情况。

⑦ 能源消耗较大的企业尤其要注重能源的供应，调度各车间设备开停情况，实现企业全厂能源平衡。

3．生产调度系统的构建

为了做好生产调度工作，企业应建立一个统一的、强有力的生产调度系统。生产调度系统包括两个方面的内容：一是建立健全生产调度机构，二是建立健全生产调度工作制度。

（1）建立健全生产调度机构

企业的生产调度机构是实施生产作业控制，进行日常生产管理，以实现生产作业计划的目标的责任部门。因此，每个工业企业都应该按照上下互通、左右协调、集中统一、灵活有效的原则建立生产调度机构。企业应在各个生产环节中设置专职的或兼职的生产调度机构和人员，负责处理日常生产活动中产生的各种偏差。

各级调度机构应明确职责和权限，规定编制，充实人员，并配备相应的生产调度技术装备。生产调度机构的分工应根据集中与分散相结合的原则，以及每个企业的生产技术特点来决定。对于生产过程连续程度较高，各个生产单位的生产活动联系紧密，生产安全问题比较突出的企业，生产调度的集中程度就要大一些。反之，对于厂内各个生产单位的生产活动的独立程度比较高的企业，生产调度的集中程度就应该相对小一些。

（2）建立健全生产调度工作制度

生产调度工作的基本内容如下。

① 实现 3 个平衡：生产物料平衡、能源动力平衡、产运销平衡。

② 完成两个衔接：正常生产衔接、生产装置检修和开停工衔接。

③ 紧盯一个急需：在紧急情况下，生产调度机构有权调度企业的人力、物力，以满足生产关键时刻和事故状态的紧急需求。

④ 组织好每周的调度会议。

⑤ 填写报表：调度记录表、调度交接班日志和有关的记录本。

建立健全生产调度工作制度是做好生产调度工作的重要基础，为保证生产调度工作落实到位，企业应建立以下几项生产调度工作制度。

① 调度值班制度。

为了组织调度，及时处理生产过程中出现的问题，厂部、车间都应建立调度值班制度，规模较大的企业可以设中央调度控制台，厂部、车间需要设值班调度人员。值班调度人员在值班期内要经常检查车间、工段作业完成情况及科室配合情况，检查调度会议决议的执行情况，及时处理生产过程中出现的问题，填写调度日志，实行调度报告制度。为了使各级生产调度机构和领导及时了解生产情况，企业各级生产调度机构要把每日值班调度的情况报告给上级生产调度机构和有关领导。企业一级生产调度机构要把每日生产情况、库存情况、产品配套进度情况、产品出产进度情况等报告给企业领导和有关科室、车间。

② 调度报告制度。

为使各级调度机构和领导及时掌握生产情况，企业各级生产调度机构都要建立一套调度报告制度，定期或不定期逐级向上报告，厂一级生产调度机构要把每日生产情况、库存情况、产品配套进度情况、产品出产进度情况，以及生产中存在的关键问题及其处理情况等，汇编成生产日报，报送厂领导和有关科室和车间。

③ 调度会议。

调度会议是在生产调度工作中发扬民主、集思广益、统一指挥的好形式。企业一级调度会议由企业负责生产的管理者主持，主管调度工作的科长召集，各车间主任及有关科室科长参加。车间调度会议由车间主任主持，车间计划调度工作的组长召集，车间技术副主任、工具员参加。会议前要做好准备，事先摸清问题，通知会议内容，会议中集中解决生产过程中出现的关键问题。会议议题要突出，重点强调协作风格。会议既要发扬民主，又要统一意志。通过调度会议，有关领导听取各方面对执行上次调度会议决议的情况和生产任务的完成情况的汇报，对生产过程中存在的问题进行研究讨论，最后做出决定，由有关部门分别贯彻执行，生产调度机构负责检查督促。

④ 现场调度。

现场调度是由企业管理者亲自到现场，与调度人员、技术人员和其他员工一起研究生产中急需解决的关键问题，并提出解决的办法。

⑤ 班前、班后会。

这是工段或小组进行生产调度的重要方法，也是实行民主管理的有效形式。班前会主要是布置本班应当完成的生产任务和注意事项。班后会主要是检查生产任务的完成情况，总结本班的工作经验和教训。

▶▶▶ 5.1.2　生产调度工具

生产调度需要借助一些工具来辅助进行生产作业计划的控制，企业常用的生产调度工具包括工票、加工路线单和调度板。

1．工票

（1）工票的含义

工票，又称派工单，是指生产管理人员向生产人员派发生产指令的单据。工票是最基本的生产凭证之一。它除了有开始作业、发料、搬运、检验等生产指令的作用外，还有为控制在制品数量、检查生产进度、核算生产成本做凭证等作用。工票的格式如表 5-1 所示。

表 5-1　工票的格式

机床号：				年　　月　　日			票号		
产品编号	件名	件名	序号	单件工时定额	准终时间	每台件数	投入批量		
								本批	累计

日班	班次	操作者	加工时间			完工数	检查结果					停工时间			备注
			起	止	工时		合格	回用	退修	废品		检查者	待料	设备损坏	其他
										工	料				

工票是工业企业对生产人员分配生产任务并记录其生产活动的原始凭证，具体形式有很多，有投入出产日历进度表、单工序工票、工作任务报告、班组生产记录和传票卡等。它是一种面向工作中心说明加工工序优先级的文件。它说明了工作中心的工序在一周或一个时期内要完成的生产任务，还说明了什么时间开始加工、什么时间完成、计划加工数量是多少、计划加工时长是多少、在制的生产货位是什么、计时的费率、计件的费率、加班的费率、外协的费率等。

（2）工票的编制流程

在制造型企业中，工票的一般编制流程如图 5-1 所示，生产管理部门将表头的信息完善之后，派发给车间，由车间调度人员、仓库人员、工段计划人员、生产人员、检查人员、车间统计人员等按照顺序依次完善，最终形成完整的工票。

2．加工路线单

加工路线单，也称为跟单或长票。它是以零部件为单位，综合发布指令，指导工人根据既定的工艺路线顺序进行加工的文件，并且它会跟随零部件一起转移，各道工序将共用一道生产指令，如表 5-2 所示。

第5章　生产调度与控制

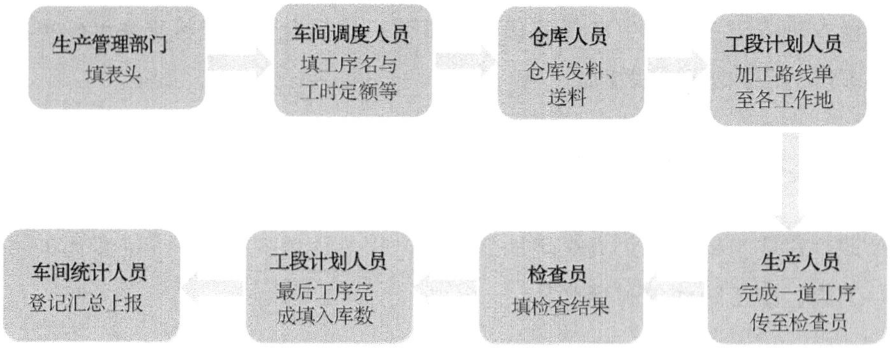

生产管理部门 填表头	→	车间调度人员 填工序名与 工时定额等	→	仓库人员 仓库发料、 送料	→	工段计划人员 加工路线单 至各工作地
车间统计人员 登记汇总上报		工段计划人员 最后工序完 成填入库数		检查员 填检查结果		生产人员 完成一道工序 传至检查员

图 5-1 工票的一般编制流程

表 5-2 加工路线单

加 工 路 线 单							加工路线单（第一副券）	
编号：　　车间：								
命令号	型号	图号	材质	投入件数	定额	签发人	加工路线单号	
工序			机床号 或加工者 的姓名	检验 日期	合格	退修	回用	废品	检验印	备注	命令号	
序号	名称	工时定额						工废	料废			型号	
1													图　号	
2												发出件数	
3												发件印	
4												领件印	
5												加工路线单（第二副券）	
6												加工路线单号	
7													
8												命令号	
												型　号	
成品入库 第一副券	加工路线单号	命令号型号	图号	入库件数	检验印	收件印					图　号	
成品入库 第二副券	加工路线单号	命令号型号	图号	入库件数	检验印	收件印				发出件数	
										发件印	
										领件印	

加工路线单的优点是内容全面，既是生产作业指令，又是工艺路线和领料、检验、交库的凭证，还是生产作业核算和统计的凭证，起到一单多用的作用，有利于保证管理数据的一致性。加工路线单的缺点是一票到底，周转环节多，易于污损和丢失，也不利于调度人员及时掌握情况。

因此，加工路线单被成批生产和单件小批生产的企业普遍采用，作为其生产调度的重要工具，具体适用于生产批量小的零部件，或者生产批量大但工序较少、生产周期较短的零部件。

3．调度板

调度板又称任务分配板，是工段（或设备组）用以分配生产任务和控制生产进度的图板，一般适用于单件小批生产运作类型。以机械加工型企业为例，调度板的格式如表 5-3 所示。因此，调度板可以根据生产计划直观地展示目前每个工作地（或设备）的计划完成情况，企业据此可以及时、有效地调整生产任务安排，以顺利地完成生产作业计划。

表 5-3　调度板的格式

工作地或设备	已指定	已准备	已完工	计划任务	1	2	3	4	5	6	7	8	9	10	备注
车床1	▱	▱	▱		●							●		○	
车床2	▱	▱	▱		●				●					○	
车床3	▱	▱	▱		●									●	
车床4	▱	▱	▱		●		●							○	
……	▱	▱	▱		●						●			○	

5.2　生产进度控制

生产进度控制是在生产作业计划的执行过程中，对有关产品生产的数量和期限的控制。其主要目的在于依据生产作业计划检查零部件的投入，保证达到生产作业计划所规定的产品产量、交货期限和配套性等指标。生产进度控制的基本内容主要包括投入进度控制、工序进度控制和出产进度控制，生产进度控制的流程如图 5-2 所示。

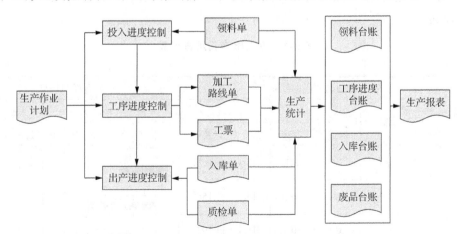

图 5-2　生产进度控制的流程

影响生产进度的原因主要有以下几方面。

① 设备故障。设备故障时间是影响设备生产能力的重要因素。在生产过程中，设备故障时间过长会影响出产进度。特别是关键设备出故障时的影响重大，由此造成的损失

有时无法挽回。

② 停工待料。因物料不能及时供应，设备不得不停工。如果缺料时间过长，加工计划又不能及时调整，会严重影响加工进度。

③ 质量问题。废品率超过标准就有可能影响出产进度。

④ 员工缺勤。关键设备操作工、流水线操作工的非计划缺勤也会影响加工进度，当缺勤十分严重时，可能会导致整个生产线停产。

▶▶▶ 5.2.1 投入进度控制

投入进度控制是指在产品生产中对产成品的投入日期、数量，以及原材料、零部件投入提前期的控制。做好投入进度控制，可以避免造成计划外生产和产品积压的现象，保持在制品的正常流转，保证投入的均衡性和成套性。投入进度控制是生产进度控制的第一个环节。

当然，由于企业的生产类型不相同，投入进度控制的方法也不尽相同。

1. 大量生产的投入进度控制

大量生产的企业可以根据生产指令、投料单、投料进度表、投产日报等进行投入进度控制，或对投入出产日历进度表中的实际投入与计划投入进行比较来控制投入进度。

根据投入出产日历进度表可知产品在每个制造阶段的计划时间与实际进度的差别，如表 5-4 所示。其中，铸造阶段计划在 1 月 3 日投入，1 月 22 日产出，实际的进度有所延迟；另外，锻造阶段与装配阶段的实际进度均较慢，只有机加工阶段的进度安排是按照计划如期进行的。这时候，企业需要根据投入出产日历进度表及时调整进度慢的阶段。

表 5-4　投入出产日历进度表

年　　月　　日

产品名称	项目		车间				完成日期及进度								
			铸造	锻造	机加工	装配	一月			二月			三月		
							上	中	下	上	中	下	上	中	下
××产品	计划	投入	3/1	8/1	18/1	16/2									
		产出	22/1	8/2	15/2	15/3									
	实际	投入	5/1	10/1	18/1	19/2									
		产出	25/1	10/2	15/2	20/3									

注：　　　　铸造车间　　　锻造车间　　　机加工车间　　　装配车间　　　实际进度

2. 成批和单件小批生产的投入进度控制

成批和单件小批生产的投入进度控制比大量生产的复杂。一方面，企业需要控制投入的品种、批量和成套性；另一方面，企业需要控制投入提前期。投入进度控制的方法包括利用加工路线单、投产计划、配套计划表、工作命令等发出情况和利用任务分配箱来分配任务。

其中，任务分配箱是在成批和单件小批生产条件下控制投入进度的一种常用方法。分配箱的使用方法是计划员根据月度生产作业计划和投料提前期，分批将加工路线单交给材料员领料，材料员给料后，将加工路线单放入头道工序的"已指定"格子里，待生产准备工作就绪，再将加工路线单或工票放入"等待加工"格子里。进行派工时，生产人员将加工路线单或工票放入"协作加工"格子里。每道工序加工完毕，经过检验合格，工票再回到"已完工"格子里。以此类推，直到全部工序完工，产品检验合格，最后办理入库手续。

>>> 5.2.2 工序进度控制

除控制投入和出产进度外，企业还必须控制工序进度。工序进度控制的过程如图 5-3 所示，即运用工票与台账等工具进行控制。

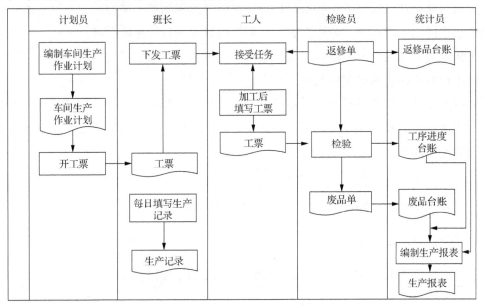

图 5-3 工序进度控制的过程

拓展阅读◀

台账

台账实际上就是一种流水账，如销售数量台账、销售员业绩统计台账等。生产过程中的台账是指在作业过程中由作业人员从机台记录中直接记录的数据，即设备运转作业的记录数据，如表 5-5 所示。

表 5-5　某月产品的生产台账

填报单位：　　　　　　　　　　　　　　　　　　　　　　　　　　　　　　　年　月　日

序号	产品名称	生产数量	规格型号	生产时间	出厂是否检验	检验类型	是否合格	不合格产品处置情况
1	轴承 A01	800	3EDE	3.16				
2	轴承 A02	300	3EDA	3.20				
……	……	……	……	……				

▶▶▶ 5.2.3　出产进度控制

出产进度控制是指企业对产品（或零部件）的出产日期、出产数量、出产均衡性和成套性的控制。做好出产进度控制可以有效地保证企业按时按量完成生产作业计划、生产过程中的各个环节之间紧密衔接、各零部件出产成套和均衡生产。

一般而言，出产进度控制可以采用平衡线法、图表控制法、生产成套性控制、生产均衡性控制等方法。

1．平衡线法

平衡线法是通过绘制平衡线来进行产品出产进度控制的一种方法，一般适用于同一产品重复生产、一次订货、分期交货、合同期限较短的订货生产项目。

下面通过具体的例子（机械加工型企业）来说明平衡线法的应用步骤。

（1）绘制产品生命周期控制图

根据产品的生产过程绘制图 5-4 所示的产品生命周期控制图，企业可以从图中清晰直观地了解产品的加工、组装和总装的进度安排，并且可以反工艺推算并绘制出每个生产环节的生产周期。

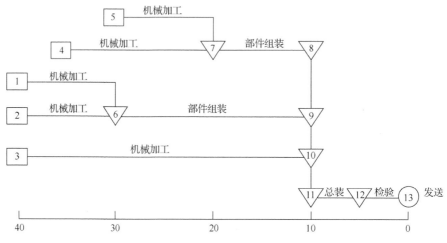

图 5-4　产品生命周期控制图

（2）绘制计划交货期控制图（目标曲线图）

根据产品订单的交货期及产品加工工艺等的要求绘制计划交货期控制图，如图 5-5（a）

所示。图中，横坐标表示交货日期，纵坐标表示累计件数，每隔 20 个工作日统计一次累计件数，检查点分别为 A、B、C 点。

（3）绘制任务完成情况检查图（生产检查图）

为了检查计划的完成情况，企业可以设置多个检查点，以条形图的形式绘制任务完成情况检查图，如图 5-5（b）所示；接着将任务完成情况检查图与计划交货期控制图并列，两者的纵坐标尺度保持一致，最后从计划交货期控制图中的 A、B、C 3 点做横轴的平行线，以此检查这 3 点的任务是否完成，如图 5-5 所示。从图 5-5 中可以看出，A 点和 B 点实际上没有完成计划要求的累计件数，而 C 点超额完成了计划。

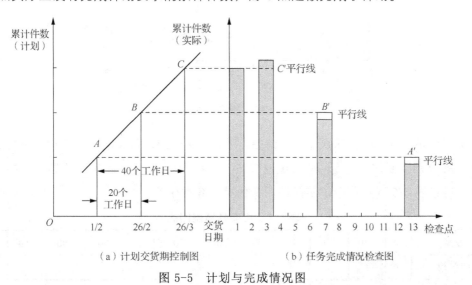

图 5-5 计划与完成情况图

2. 图表控制法

图表控制法是通过绘制图表，将计划出产情况与实际出产情况进行对比，用以控制出产进度的一种方法，如图 5-6 所示。横坐标表示日期，以天为单位，纵坐标表示产量，以件为单位，虚线表示计划产量，实线表示实际产量。随着时间的推移，绘制计划日产量及其累计量，同时绘制相应的实际日产量及其累计量。

运用图表控制法可以分析实际出产与计划出产之间的差距，从图 5-6 可知，当产量累计一致时，实际出产与出产计划相比，产生了工期延误 T 天；当日期一致时，实际出产与计划出产相比，产量少了 n 件。综合来讲，实际出产与计划出产相比有差距，企业需要提高生产效率才能完成计划出产进度，按时交货。

3. 生产成套性控制

零件配套对于出产进度控制而言是一项重要的工作，尤其是对于加工装配型企业来说，其生产的产品由许多零部件组装形成。如果生产的零部件不能配套，就无法投入装配，产品也就无法出产。因此，企业应及时掌握和控制零部件的出产进度，分拆零部件的成套性，按产品装配的成套性控制生产进度。

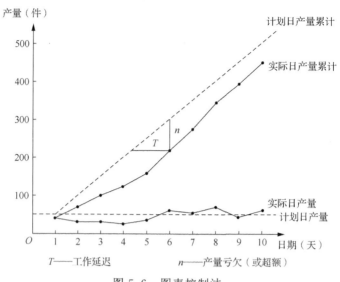

图 5-6　图表控制法

举例说明，某产品由床头箱、进给箱、手轮、中心架、刀架及尾架 6 种零部件组成，这批产品分别需要这些零部件各 20、40、50、20、30、30 件，以满足成套性，如表 5-6 所示。通过表 5-6 可以看出，零部件需要保持成套性生产。

表 5-6　成套性控制图表

数量	10	20	30	40	50	60	70	80	90	100	110	120
床头箱	▨	▨										
进给箱	▨	▨	▨	▨								
手轮	▨	▨	▨	▨	▨							
中心架	▨	▨										
刀架	▨	▨	▨									
尾架	▨	▨	▨									

一般可以用成套率衡量生产成套性情况，成套率的计算方式如公式（5-1）所示，该指标值越大，生产成套性越好。

$$成套率 = \frac{实际成套台数}{计划成套台数} \times 100\% \tag{5-1}$$

【例 5-1】一个产品由 4 种零部件构成，计划生产 100 件，构成产品的零部件的相关统计数据如表 5-7 所示。试计算该零部件的成套率。

表 5-7　零件统计数据

零件序号	每台件数	计划产量	实际产量	实际完成台数
1	2	200	205	102.5
2	3	300	300	100

零件序号	每台件数	计划产量	实际产量	实际完成台数
3	2	200	190	95
4	1	100	105	105

【解】表中3号零部件的实际完成台数最低，为95台，属于最短缺的零部件，因此可以代表所有零部件计算成套率，根据公式可以计算：

$$成套率 = \frac{95}{100} \times 100\% = 95\%$$

企业可以通过合理安排成套性投料或运用如表5-6所示的成套性控制图表（也称甘特图）进行出产进度控制。

4．生产均衡性控制

生产均衡性控制主要是用出产日报与投入出产日历进度表进行比较，控制每日出产进度、累计出产进度和一定时间内的生产均衡性。在大量生产的条件下，企业需要严格控制生产均衡性，一般用日均衡率表示，日均衡率的计算方式如公式（5-2）所示，日均衡率越高，生产均衡性越好，其最大值为100%。

$$日均衡率 = \frac{日产量计划完成百分数之和（超计划按100\%计）}{工作日数} \tag{5-2}$$

【例5-2】某公司10月中旬的生产统计数据如表5-8所示，试计算该产品生产的日均衡率。

表5-8　生产统计数据

指标	11	12	13	14	15	16	17	18	19	20
计划/件	45	45	45	50	50	50	50	55	55	55
实际/件	45	40	50	50	55	55	50	50	55	55
计划完成/%	100	88.9	100	100	100	100	100	90.9	100	100

【解】

$$日均衡率 = \frac{100\%+88.9\%+100\%+100\%+100\%+100\%+100\%+90.9\%+100\%+100\%}{10}$$

$$\approx 97.98\%$$

由结果可知，该公司产品生产的日均衡率较高，接近于100%。

5.3　生产成本控制

▶▶▶ 5.3.1　生产成本控制及其内容

本小节主要包括以下两方面的内容。

1. 生产成本与生产成本控制

生产成本是指生产活动的成本，即企业为生产产品而产生的成本。生产成本是生产过程中各种资源利用情况的货币表示，是衡量企业技术水平和管理水平的重要指标。

生产成本是生产单位为生产产品或提供劳务而发生的各项生产费用，包括各项直接费用和制造费用。直接费用包括直接材料费（原材料、辅助材料、备品、备件、燃料及动力等的费用）、直接劳务费（生产人员的工资、补贴）、其他直接经费（如福利费）；制造费用是指企业内的分厂、车间为组织和管理生产所发生的各项费用，包括分厂、车间的管理人员的工资、折旧费、维修费及其他制造费用（办公费、差旅费、劳保费等）。

生产成本控制是企业为了降低成本，对各种生产消耗和费用进行引导、限制及监督，使实际成本维持在预定的标准成本之内的一系列工作。

案例分析 ◀

戴尔公司的低成本管理

戴尔公司采用了一种较好的商业模式，即"戴尔模式"。正是依靠这种模式，辅以高效率的生产流程和科学的成本控制，戴尔公司过去几十年在个人计算机市场取得了成功。

戴尔公司创造了在业界号称"零库存高周转"的直销模式，即戴尔公司接到订单后，才将计算机零部件组装成整机，采用"拉式"生产，真正按顾客需求定制生产，利用信息技术全面管理生产过程。通过互联网，戴尔公司和其上游零部件制造商能迅速对客户订单做出反应，当订单传至戴尔公司的控制中心，控制中心把订单分解为子任务，并通过网络分派给各个独立的零部件制造商进行排产。各制造商按戴尔公司的电子订单进行生产组装，并按戴尔公司控制中心的时间表来供货。戴尔公司需要做的只是在成品车间完成组装和系统测试，以及向客户提供服务。

由于戴尔公司采用了顺应多品种、小批量、高质量、低消耗、快速度的市场需要的准时制（Just-in-Time，JIT）生产方式，并且在生产过程中采用了适时适量、同步化生产、看板方式及生产均衡化等措施，使得它仅需要准备手头订单所需要的原材料，因此工厂的库存时间仅有 7 小时。这一切都取决于戴尔公司的雄厚技术基础，即装配线由计算机控制，通过条形码工厂可以跟踪每一个零部件和产品。在戴尔公司内部，信息流通过它自己开发的信息系统与企业的运营过程及资金流同步，信息传达极其通畅。

低成本一直是戴尔公司的生存法则，也是"戴尔模式"的核心，而低成本必须通过高效率来实现。戴尔公司的生产和销售流程，以其精确管理、流水般顺畅和超高效率而著称，可以有效地将成本控制在最低水平。

分析： 高效率的生产流程和科学的成本控制对任何一个生产型企业而言都很重要，企业要想具有竞争力就必须降低生产成本，并掌握科学的生产成本控制方法。

2. 生产成本控制的内容

在实际工作中，为提高生产成本控制的效率，不同企业一般会根据自身的生产特点，有针对性地选择不同的成本项目作为生产成本控制的内容。生产成本控制的内容一般可以从生产成本的形成过程和成本费用的构成两个角度加以考虑。

（1）从生产成本的形成过程的角度考虑

① 产品投产前的控制。产品投产前的控制内容主要包括产品设计成本、加工工艺成本、物资采购成本、生产组织方式、材料定额与劳动定额水平等，这些内容对成本的影响较大，此阶段的控制属于事前控制方式，基本上决定了产品的成本水平。

② 制造过程中的控制。制造过程是成本实际形成的主要阶段，绝大部分的成本支出都是在此阶段发生的，包括原材料费用、人工费用、能源动力消耗、各种辅料的消耗、工序间物料的运输费用、车间及其他管理部门的费用支出。产品投产前的控制方案设想、控制措施能否在制造过程中贯彻实施，大部分的控制目标能否实现与此阶段的控制活动紧密相关。

③ 流通过程中的控制。此阶段包括产品包装、厂外运输、广告促销售后服务等的费用。在强调加强企业的市场管理职能的条件下，企业很容易不顾成本地采取各种促销手段，反而抵消了利润增量，因此企业需要进行定量分析。

（2）从成本费用的构成考虑

① 原材料成本控制。在制造业中，原材料费用占总成本的比例一般在 60%以上，最高可达 90%，它是生产成本控制的主要对象。在生产过程中，影响原材料成本的因素主要有采购、库存管理、生产消耗、回收利用等，因此控制活动可从这些环节着手。

② 工资控制。工资在总成本中占有一定的比例，且工资增减水平通常与生产效益同步增减，因此减少单位产品中工资的比例，对于降低成本有重要意义。控制工资的关键在于提高劳动生产率，劳动生产率与劳动定额、工时消耗、工时利用率、工作效率、工人出勤率等因素有关。

③ 制造费用控制。制造费用的开支项目主要包括折旧费、修理费、辅助生产费用等，虽然它在总成本中所占比例不大，但因不引人注意，浪费现象十分普遍，是不可忽视的一项内容。

④ 企业管理费控制。企业管理费是指管理和组织生产所发生的各项费用，其开支项目非常多，也是生产成本控制过程中的内容之一。

▶▶▶ 5.3.2 生产成本控制的程序和方法

1. 生产成本控制的程序

生产成本控制的程序主要包括制订成本标准、监督成本的形成和及时纠正偏差，如图 5-7 所示。

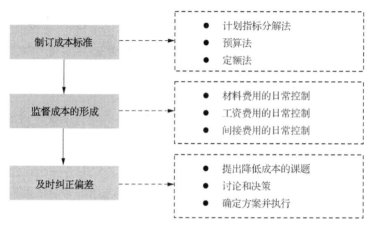

图 5-7　生产成本控制的程序

（1）制订成本标准

成本标准是生产成本控制的依据，包括成本计划中规定的各项指标，确定这些标准的方法主要有以下 3 种。

① 计划指标分解法。计划指标可以按部门、单位进行分解，也可以按不同产品或不同的工艺阶段、工序进行分解。

② 预算法。预算可以是短期的，也可以是长期的。通常，企业可以采取弹性预算的方式进行，可以根据季度的生产销售计划来制订较短期的（如月度的）费用开支预算，并把它作为生产成本控制的标准。

③ 定额法。企业需要确定定额和费用开支限额，并将这些定额和限额作为成本标准进行控制。在企业里，凡是能确定定额的地方，都应确定定额，如工时定额、材料消耗定额等。

（2）监督成本的形成

企业需要根据生产成本控制的标准，对影响生产成本的各个项目进行经常性检查、评比和监督。企业不仅需要检查指标本身的执行情况，而且需要检查和监督影响指标的各项条件，如设备、工艺、工具、工人技术水平、工作环境等。因此，生产成本的日常控制要与生产作业控制等结合起来进行。例如，生产调度人员负责监督车间内部作业计划的合理安排，做到合理投产、合理派工，控制窝工、停工、加班、加点等现象的发生；生产管理人员负责监督工人按图纸、工艺、工装要求操作，防止不合格品的产生；仓库管理人员负责按规定的品种、规格、材质实行限额发料，监督领料、补料、退料等制度的执行等。

（3）及时纠正偏差

针对成本差异发生的原因，企业应查明责任者，区分情况，区分轻重缓急，提出改进措施，择优选择，并加以贯彻执行。

运用 MES 控制生产成本

MES 是在 20 世纪 90 年代初提出的，旨在加强物料需求计划的执行功能，通过 MES 把物料需求计划同车间作业现场控制系统联系起来。这里的现场控制包括 PLC 程控器、数据采集器、条形码、各种计量及检测仪器、机械手等。MES 设置了必要的接口，并与提供生产现场控制设施的厂商建立了合作关系。

通过 MES 进行管理，管理人员和操作人员都可以根据订单制订出主生产计划，由主生产计划的交货时间作为最终的完工时间，并以此倒推，制订出生产周期和排产时间。操作人员通过 MES 制订物料需求计划和排产计划时，首先要对物料信息和工艺信息进行管理；物料信息的管理除了对产品物料的基础信息进行管理之外，还要对一些具有产品结构复杂、工艺工序烦琐、生产形式多样等特点的生产行为、各种 BOM 信息进行管理，包括工程 BOM、装配 BOM、工程装配 BOM、装箱 BOM 等。操作人员在生产之前就能够对产品结构有深入的了解，在设置工艺和工序时便能获得基础数据信息的支持。管理人员在对工艺和工序进行管理时，不仅要满足基础的工艺管理要求，还要结合工序和工艺标准，科学可靠地制订排产计划和物料需求计划，以保证生产运作的高效准确，提高整体效率。

传统的生产型企业将生产开始到完工转出之间的过程称为"黑箱操作"阶段，也就是说所有生产资料从第 1 道工序开始到产品产出的整个生产过程中，企业不清楚生产物料的流转情况，不清楚每道工序的完成情况，不清楚生产过程中的实际损耗情况，不清楚生产过程中人员和设备的实际运行情况，人为的信息传递方式可能造成信息失真、冗余和虚假，所以导致了监督控制无力，信息混乱，效率降低，生产合格率下降，资源浪费，生产成本增加。现在通过 MES，生产过程中的人员、设备、场地、物料、每个工艺标准和每一道工序都已自动生成唯一的计算机代码，并以代码的形式在整个生产过程中进行信息流转和记录，实现了生产过程全程可追溯。此外，MES 采用了工业条码技术，成为计算机代码的载体，使得生产过程全程可控，实现了可视化生产。产品质量也可以通过 MES 得到控制，前一道工序出现问题，则产品将不能进入下一道工序。从事中控制产品质量，可以防止资源浪费，有效控制生产成本，提高产品合格率。

2. 生产成本控制的方法

（1）基于经验的成本控制方法

这是一种最为基础的且应用最为普遍的方法，它是管理者借助过去的经验实现对管理对象的控制，从而追求较高的质量、效率和避免或减少浪费的过程。例如，经验告诉我们，在采购的过程中"货比三家、反复招标、尽量杀价"可以降低采购成本，于是管理者就要求他们的员工在采购时这样做。再如，经验告诫我们，在对外采购的过程中，如果缺少必要的监督机制，部分采购人员就可能产生自私行为，从而导致企业蒙受损失，于是大量的企业常常不惜牺牲效率和成本来设置"关卡"，以防止采购人员产生自私行为。

（2）基于历史数据的成本控制方法

这种方法的基本原理是根据过去已经发生的成本，取其平均值或最低值作为当前阶段或下一阶段的最高成本控制标准。例如，过去 3 年，某种食品原材料的平均或最低采购价格是 8.13 元/千克，企业的有关部门就将 8.13 元确定为当前或未来一段时期同等级原材料的最高采购限价。普遍采用这种方法的是工程建设型企业和制造型企业。

（3）基于市场需求的目标成本控制方法

这种方法需要经过市场调查，根据对市场需求与竞争对手等情况的分析，确定产品的市场价格，之后再进一步明确目标成本，最终依据目标成本对生产成本进行合理的控制。

拓展阅读

基于市场需求的目标成本控制方法案例

某公司计划开发生产一种新产品——A 型涂料，该公司技术人员经过攻关，终于研制出了这种涂料的配方。生产这种涂料需要用清铅粉、黑铅粉、黏土和糖浆 4 种原料，它们所占的比例分别为 35%、45%、14% 和 6%。该公司通过市场调查发现，该类型涂料具有竞争力的市场价格 0.50 美元/千克，公司确定的产品投入市场后的目标毛利为 0.25 美元/千克，即 A 型涂料的目标成本为 0.25 美元/千克。

然而该公司通过市场调查得知：上述 4 种原料的成本分别为 0.45 美元/千克、0.18 美元/千克、0.15 美元/千克和 1 美元/千克。据此，A 型涂料的成本为 0.45×35%+0.18×45%+0.15×14%+1×6%≈0.32 美元/千克。也就是说，这个设计方案虽然在技术上是可行的，但其实际成本达不到目标成本的要求。

为了实现既定的目标成本，该公司科技人员决定对 A 型涂料现有的配方进行重新研究，以便达到目标成本的要求。通过运用价值工程的原理，该公司科技人员发现 A 型涂料耐高温性能有些过剩，而悬浮稳定性略显不足。为此，该公司科技人员决定在保证 A 型涂料必要的功能的前提下改进配方。新配方只用清铅粉、黑铅粉和膨润土 3 种原料，它们所占的比重分别为 15%、80% 和 5%，而膨润土的成本仅为 0.09

美元/千克。据此，新的 A 型涂料的成本为 0.45×15%+0.18×80%+0.09×5%≈0.22 美元/千克。新配方的成本达到目标成本的要求，可以正式投产。

这一方法已经被众多的企业所采用，且实践证明它是一种十分有效的控制生产成本的手段。许多企业往往并不知道自己是否存在降低成本的空间，而采取这种方法，企业有时可以"尽可能地把海绵中的水都拧干"。

（4）基于标杆的目标成本控制方法

所谓标杆，可以是别的企业，可以是本企业过去的某些绩效，也可以是本企业的某个部门或个人创造的某项纪录，企业可以将这些设置为标杆来对未来的目标成本予以控制。

拓展阅读

海尔集团的生产成本控制

海尔集团注重生产成本的控制，并结合企业发展需要与产品生产实际，逐步建立起相应的生产成本控制体系。

（1）运用成本指标分解体系

海尔集团依据订单信息计算产品成本总量和原材料定位，并构建完善的成本指标分解体系。同时，为防止费用流失、浪费，海尔集团增设了相应的部门，组织专业人员管控成本预算中的各类费用，如集团领导主管的各分厂、车间控制产品的直接原材料、直接燃料和动力。海尔集团运用成本指标分解体系，将制造费用等各项费用指标逐一分解，并下达到各个部门，由各个部门严格按照分解后的各项费用指标开展相应的活动。

（2）推行月度成本计划管理

海尔集团以每月的生产计划为依据，结合自身的生产经营特点，制订月工序成本计划，确定各项消耗定额，进一步加大月度成本计划管理的力度，在保证产品质量的前提下，尽可能降低生产经营成本，实现了月度成本计划体系，切实将生产经营成本控制在预算范围内。

（3）推行全员成本控制

年初，海尔集团会确定好本年的整体发展规划和目标，之后将其层层分解，并下达到各部门、各岗位、各人员手中，由此为其顺利开展成本控制工作指引正确的方向。另外，产品车间主任要带领本车间人员确定本车间的工序重点控制项目，之后有针对性地加强对该项目的控制，定期对该项目开展状况进行检查，并将检查结果以报告的形式上交给上级主管部门，以便上级主管部门及时了解各单位的项且运行状况，并协调好各部门之间的合作关系。

海尔集团车间主任责令班组长控制班组成本，即各班组要分解指标、明确责任人，规范绩效考核方法。同时，各班组加大对直接材料、低物料及低耗品责任人的绩效考核，并依据绩效考核结果对其或奖或罚，以此充分激发责任人的工作积极性与创造性。

（4）对物资领用进行严格控制

领料员既是物资领用的实施者，也是物料领用的控制者。领料员需要依据月度成本计划制订物资领用计划，之后将该计划上报给车间主任，由车间主任审核、签字批准，并将批准信息发送至原材料仓储人员手中，仓储人员接收到批准信息后发放原材料。此时，领料员需落实好物资的验收工作，并登记好台账。以此，海尔集团车间主任能最大限度控制物料的耗用，遏制物资流失、浪费等不良现象的发生，保证有限的物资能够充分发挥其使用价值。

▽ 本章小结

为了保障生产计划制订后能顺利实施，企业需要对生产过程进行调度与控制。首先是生产调度，基于企业建立的生产调度系统，企业合理地运用工票、加工路线单、调度板等工具处理生产过程中出现的不平衡现象；再者，企业为了保证完成生产计划所规定的产品产量、交货期限和成套性等指标，还需要进行生产进度控制，不同生产运作类型下的生产进度控制方法有所不同。最后，生产成本控制也是衡量企业管理水平的重要指标，企业需要建立合理的程序，并选择合适的方法进行生产成本控制。

▽ 课后练习

一、名词解释

1. 生产调度

2. 工票

3. 加工路线单

4. 调度板

5. 出产进度控制

6. 生产成本控制

二、单项选择题

1. 一般情况下，企业设（　　　　）、车间和工段 3 级调度组织。

    A．厂部   B．班组   C．工艺   D．工序

2. （　　　　）是以零部件为单位，综合发布指令，指导工人根据既定的工艺路线顺序进行加工的文件，并且它会跟随零部件一起转移，各道工序将共用一道生产

指令。

    A．工票   B．加工路线单   C．调度板   D．图表

3．（　　）又称任务分配板，是工段（或设备组）用以分配生产任务和控制生产进度的图板，一般适用于单件小批生产运作类型。

    A．工票   B．加工路线单   C．调度板   D．图表

4．（　　）是生产进度控制的第一个环节。

    A．投入进度控制   B．工序进度控制

    C．出产进度控制   D．调度

5．对于加工装配型企业，其产品由许多零部件组装形成，因此（　　）对于其出产进度控制来说是很重要的。

    A．平衡性   B．成套性   C．准时性   D．均衡性

6．在大量生产的条件下，企业需要严格控制生产（　　），控制每日出产进度、累计出产进度等。

    A．平衡性   B．成套性   C．准时性   D．均衡性

7．（　　）是进行产品出产进度控制的一种方法，一般适用于同一产品重复生产、一次订货、分期交货、合同期限较短的订货生产项目。

    A．加工路线单   B．工票   C．平衡线法   D．图表控制法

8．企业生产成本控制的程序中，首先应该（　　）。

    A．监督成本的形成   B．及时纠正偏差

    C．制订成本标准   D．调查历史数据

三、计算题

企业计划生产 100 件 4-05 号零部件，每件由 3 个 24 号轴承、1 个 30 号气缸和 2 个 31 号阀组成，相关生产统计数据如表 5-9 所示，试计算该零部件的成套率。

表 5-9　生产统计数据

零件序号	每台件数	计划产量	实际产量	实际完成台数
24 号轴承	3	300	305	101
30 号气缸	1	100	100	100
31 号阀	2	200	190	95

四、实训作业

分组调查某一制造型企业的生产调度与进度控制，具体要求如下。

1．影响企业生产进度的因素有哪些。

2．调查企业生产调度系统的构成要素有哪些。

3．企业是如何运用工具进行生产调度和进度控制的。

第6章

生产运作系统的管理与优化

能力目标

能够综合运用各类方法进行企业的现场管理。

能够结合库存管理成本与经济订货批量，合理选择库存控制方法。

能够合理选用质量管理工具促进生产运作系统优化。

知识目标

掌握现场管理的概念。

理解 5S 管理、定置管理、目视管理。

掌握库存管理的概念与方法。

掌握质量管理的概念与工具。

本章知识框架

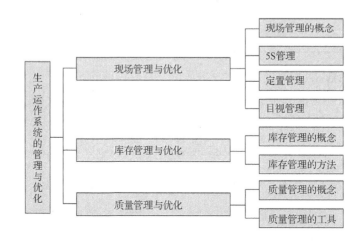

导入案例

一家生产家电的企业，为了应对日趋激烈的市场竞争，塑造卓越的企业形象，提高企业的管理水平，提升员工的基本素养，希望借助专业顾问全面提升企业的现场管理水平。企业管理层一致认为，企业需要从基础做起，只有将每个与产品生产相关的环节管理好，企业才能稳步提升。

专业顾问现场诊断发现，企业经过多年的发展，管理基础相对扎实，一些项目处于行业领先地位。但企业还是存在一些现场管理问题，主要体现为以下几点。

（1）工艺技术方面较为薄弱。现场是传统的流水线大批生产，工序间存在严重的不平衡，导致现场堆积了大量半成品，在制品库存水平高，生产效率与国际一流企业相比，还存在较大差距。

（2）现场细节的忽略。在生产现场，随处可以见到物料、工具、车辆搁置，手套、零部件摆放在地面上，员工却熟视无睹。

（3）团队精神和跨部门协作的缺失。产品的出产需要多个部门协调运作，但目前的调研发现，各部门之间的工作存在大量的互相推诿、扯皮现象，工作缺乏主动性，大多数部门、人员都在被动地等、靠、要。

试分析：

根据调查出的问题，企业应该如何进行现场管理与优化？

6.1 现场管理与优化

现场管理是生产第一线的综合管理，是生产管理的重要内容，也是生产运作系统合理运作的保证。由于企业的主要活动都是在生产现场完成的，生产现场集中了企业主要的人力、物力、财力，生产现场的状况可以反映该企业的经营状况。因此，企业需要通过现场管理来合理配置资源，优化生产系统。

6.1.1 现场管理的概念

现场管理是指企业运用科学的管理思想、管理方法与管理手段，对生产现场的各种生产要素，包括人（操作者、管理者）、机（设备、工具、工位器具）、料（原材料、辅料）、法（加工、检测方法）、环（环境）、信（信息）等进行合理配置和优化组合，通过有效的计划、组织、协调、控制和激励等管理职能，达到优质、高效、低耗、均衡、安全、文明生产的目的。

1. 生产现场

生产现场是指从事产品生产、制造或提供生产服务的场所。它既包括生产中的各个基本生产车间的作业场所，又包括生产辅助部门的作业场所，如库房、实验室、锅炉房等。

生产现场能创造效益，企业要降低生产成本，按日期要求将产品交付给顾客，以及产品质量要达到顾客所期望的要求，这一切都要在生产现场实现。生产现场还能为企业经营提供大量有用的信息，要知道生产进展如何，消耗怎样，工人作业还需要哪些改进，原辅材料供应是否存在问题，都要去生产现场进行实地了解，获得具体直接的信息。常说的"向生产现场要效益"正说明企业往往能够通过改善生产现场来给企业带来更多效益。

当然，作为生产活动最基本的开展场所，很多问题与隐患都来自生产现场，如果企业能把生产现场真正管理好，产品的质量和交货期就可以得到有效保证，生产效率也可以提高。同样，生产现场也是最能反映员工思想动态的场所。人是生产要素中最活跃的要素，员工的士气、情绪和满意度会直接影响到他们的工作质量，进而反映到产品质量上。因此，一名优秀的生产现场管理者要随时注意员工的思想情绪，主动与员工进行沟通和交流，适时对其进行帮助和引导。

由此可以看出，尽管工业企业的生产现场会因为行业的不同而有所区别，但是生产现场对于企业管理活动的重要性是一致的。

2. 现场管理的内容

现场管理是整个企业管理的重要组成部分，属于基础性管理，是企业管理水平的直观反映，其基本内容主要包括 3 个方面，即工序管理、物流管理和环境管理。

（1）工序管理

工序管理是按照工序所包含的专门技术的要求，合理配备和有效利用生产要素，并把它们有效地结合起来发挥工序的整体效益，通过品种、质量、数量、日程、成本的控制，满足市场对产品要素的要求。其关键是对工序所使用的劳动力、设备、原材料的合理配备和有效利用。其中，对劳动力的管理，要根据工序对工种、技术水平、人员数量的要求，择优选用、优化组合；员工应培训后上岗，上岗后要严格遵守操作规程和劳动纪律；设备、工艺装备要完好、齐全；原辅材料、零部件要保证及时供应，且质量符合要求。

（2）物流管理

物流管理主要是指对企业内部生产加工这一阶段的物流进行管理，其内容主要是选择合适的生产组织形式，认真进行工厂总平面布置和车间布置，对各个生产环节和工序间的生产能力进行平衡，合理制订在制品定额，提高搬运效率。企业只有对这些因素进行系统优化、综合考虑，才能缩短物流路线，降低物流成本，降低在制品占有量，减少流动资金占用量，使各工序活动井然有序地进行，使生产活动保持连续性、比例性、均衡性。

（3）环境管理

环境管理是指对生产现场的空间管理，即企业要创造一个安全的、舒适的环境。它一般指安全生产、文明生产和定置管理。

当然具体而言，环境管理需要完成的任务包括以下几个方面。

① 现场实行"定置管理"，使人流、物流、信息流畅通有序，现场环境整洁，文明生产。

② 加强工艺管理，优化工艺路线和工艺布局，提高工艺水平，严格按照工艺要求组织生产，使生产处于受控状态，保证产品质量。

③ 以生产现场组织体系的合理化、高效化为目的，不断优化生产劳动组织，提高劳动效率。

④ 健全各项规章制度、技术标准、管理标准、工作标准、劳动及消耗定额、统计台账。

⑤ 建立和完善管理保障体系，有效控制投入、产出，提高现场管理的运行效率。

⑥ 进行班组建设和民主管理，充分调动员工的积极性和创造性。

▶▶▶ 6.1.2　5S 管理

1. 5S 管理的原理

5S 管理起源于日本，后在丰田公司的倡导推行下，5S 管理在塑造企业形象、降低成本、准时交货、安全生产、高度的标准化、创造良好的工作场所等现场改善方面发挥了巨大的作用，逐渐被各国管理界所认可。

5S 管理具体是指整理（SEIRI）、整顿（SEITON）、清扫（SEISO）、清洁（SEIKETSU）、素养（SHITSUKE）这 5 个项目，如表 6-1 所示。5S 管理是企业对生产现场的各个生产要素不断进行整理、整顿、清扫、清洁、提高素养及安全性的活动，旨在通过规范现场、现物，营造一目了然的工作环境，培养员工良好的工作习惯，其最终目的是提升员工的品质，使员工养成良好的工作习惯，它有助于消除企业在生产过程中可能面临的各类不良现象。

表 6-1　5S 管理

中文	日文	对象	重点
整理	SEIRI	物品空间	要与不要，一留一弃
整顿	SEITON	时间空间	科学布局，取用快捷
清扫	SEISO	设备空间	清除垃圾，美化环境

中文	日文	对象	重点
清洁	SEIKETSU	环境	洁净环境，贯彻到底
素养	SHITSUKE	员工	形成制度，养成习惯

拓展阅读 ◢

根据企业进一步发展的需要，有的企业在"5S"的基础上增加了安全（Safety），形成了"6S"；有的企业增加了节约（Save），形成了"7S"；有的企业还加上了习惯化（Shiukanka）、服务（Service）和坚持（Shitukoku），形成了"10S"；有的企业甚至推行"12S"，但是万变不离其宗，它们都是从"5S"衍生出来的。例如，企业在整理中要求清除无用的物品，这从某些意义上来说，就涉及节约和安全。

（1）整理

整理是指将工作场所的物品分为必要的与不必要的，也就是将必需品和非必需品严格地区分开来，并尽快处理非必需品。

区分必需品和非必需品，首先要判断出物品的重要性，然后根据其使用频率决定处理措施，运用恰当的处理措施保管必需品，以便于寻找和使用，如表 6-2 所示。

表 6-2 必需品与非必需品的区分和处理措施

类别	使用频率		处理措施	备注
必需品	每小时		放在工作台上或随身携带	
	每天		现场存放或放在工作台附近	
	每周		现场存放	
非必需品	每月		仓库存储	
	三个月		仓库存储	
	半年		仓库存储	定期检查
	一年		仓库存储（封存）	定期检查
	两年		仓库存储（封存）	定期检查
	未定	有用	仓库存储	定期检查
		无用	变卖/废弃	定期清理
	不能用		变卖/废弃	立即废弃

生产过程中经常有一些残余物料、待修品、报废品等滞留在现场，还有一些已经无法使用的工装夹具、量具、机器设备，企业如果不及时清理，会使现场变得混乱，而且还会阻碍生产过程。

整理的实施要点如下。

① 对工作场所进行全面检查，包括看得到的和看不到的地方，具体检查对象如图 6-1 所示。

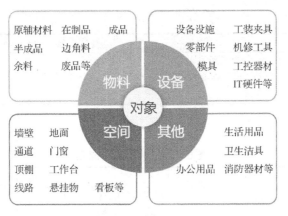

图 6-1　检查对象

② 制订"要"和"不要"的判别基准。

③ 将不要的物品清理出生产现场。

④ 调查需要的物品的使用频率，决定日常用量及放置位置。

⑤ 制订废弃物处理方法。

⑥ 每日进行自我检查。

（2）整顿

整顿是指对整理之后留下的物品进行科学、合理的布置，是对整理后留在生产现场的必需的物品进行分门别类的放置，使其排列整齐。整顿的目的是使工作场所一目了然，工作环境整整齐齐，缩短寻找物品的时间与减少积压物品。

整顿的要求是物品都有固定位置，使用者不需要花时间去寻找，随手就可以拿到；物品摆放有规则，实行定量化、规格化、统一化，让管理者、使用者、生产者均能一目了然；物品便于取出和放回，做到先进先出。

整顿的实施要点如下。

① 落实整理工作。

② 进行流程布置，确定放置场所。

③ 规定放置方法。

④ 画线定位。

⑤ 确定场所、物品标志。

整顿的三要素是放置场所、放置方法、标志方法，如表 6-3 所示。

表 6-3　整顿的三要素

三要素	具体内容
放置场所	1. 物品的放置场所需要完全确定 2. 物品的保管定点、定容、定量 3. 生产线附近只能放置真正需要的物品
放置方法	1. 容易拿取 2. 不超出所规定的范围 3. 放置方法需要合理选择

三要素	具体内容
标志方法	1. 放置场所和物品原则上一对一表示 2. 现场物品的表示和放置场所的表示要明确 3. 标志方法全公司统一

整顿的三定原则是定点、定容、定量，如表6-4所示。

表6-4 整顿的三定原则

三定原则	含义	具体内容
定点	放在哪里合适	具备必要的存放条件，方便取用，还原放置的一个或若干固定的区域
定容	用怎样的容器	可以是容器、器皿等物件，也可以是车、特殊存放平台或固定的存储空间
定量	规定合适的数量	对存储物件在数量上规定上下限，或直接定量，方便将其推广为容器类的看板使用

（3）清扫

清扫是将工作场所打扫干净，当设备出现异常时及时进行修理，以最快的速度使其恢复到正常运转状态。清扫是根据整理、整顿的结果，将不需要的物品清除掉，其目的在于培养全员讲卫生的习惯，以及创造干净、清爽的工作环境。

清扫的对象是设备，重点是与设备点检结合，清扫的实施要点包括以下几方面。

① 建立清扫责任区。

② 与点检、保养工作充分结合。

③ 执行例行扫除，清理垃圾。

④ 调查污染源，予以杜绝。

⑤ 建立清扫规范与标准。

拓展阅读

点检

点检是按照一定的标准、一定的周期，对设备规定的部位进行检查，以便尽早发现设备的故障或隐患，及时进行修理调整，使设备保持其规定功能的设备管理方法。下面以某制造型企业的点检表为例进行讲解，如表6-5所示。

表6-5 点检表

序号	点检内容	1	2	3	……	30
1	各开关、手柄位置是否正常					
2	油位及各加油点油量是否符合要求					
3	空车运转是否有异常响声、振动					
4	各导轨面是否润滑良好、无拉伤					
5	液压系统工作是否正常、无泄漏					
6	防护装置及其他部件是否缺损					

（4）清洁

清洁是企业在整理、整顿、清扫等管理工作之后，认真维护已取得的成果，使其保持完美和最佳状态。清洁是为了维持前"3S"管理环节的成果，若企业能经常保持"3S"的状态，就达到了清洁管理的要求。

清洁的对象是环境，其实施要点包括以下几点。

① 落实前面"3S"的工作。充分利用各种宣传手段，维持管理活动气氛，"整理、整顿、清扫"是动作，"清洁"是结果，即在工作中进行整理、整顿、清扫过后呈现的状态。

② 制订奖惩制度，加强执行。制订有关"5S"竞赛、执行、管理等的评分、奖惩制度等，奖惩只是一种形式，而团体的荣誉与不断进步才是最重要的。

③ 制度化。制度化包括环境维护制度化、设备护理制度化、巡视制度化、考核评比制度化、区域清扫制度化。

④ 高层主管要经常带头巡查，以示重视。

（5）素养

素养是指企业通过晨会等手段，提高全员的文明礼貌水准，促使每位员工养成良好的习惯，自觉遵守各项规章制度。5S 管理的目的是提高员工的品质，使员工遵守规则，对任何工作都严谨认真。如果员工的素养没有得到提高，5S 管理将无法长期坚持下去。

素养的对象是员工，其实施要点包括以下几点。

① 制订服装、仪容的标准。

② 制订需共同遵守的规则、规定。

③ 制订礼仪守则。

④ 开展教育训练（新员工强化"5S"教育、实践）。

⑤ 开展各种素养提升活动（晨会、礼貌运动）。

图 6-2 所示为"5S"之间的关系。

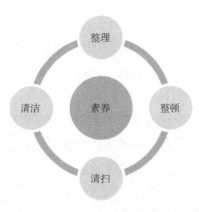

图 6-2 "5S"之间的关系

2. 5S 管理的实施

若将企业比作一棵大树，那么 5S 管理就是这棵大树埋在地下的根，根越大，树木就越能茁壮成长；根越小，树木的生存就越受到影响，如图 6-3 所示。因此，企业需要重视 5S 管理的实施。

图 6-3　5S 管理对企业的重要性

（1）成立推行组织

企业推行 5S 管理的第一个步骤是成立推行组织。5S 管理需要企业全员参与、协同作战，需要企业管理者组织协调。从成立推行组织开始，由企业负责人担任推行组织的组长，并根据企业组织结构设立不同的工作小组，工作小组的组长由各部门负责人兼任，推行组织结构如图 6-4 所示。

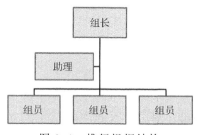

图 6-4　推行组织结构

（2）拟定推行方针及目标

拟定 5S 管理的推行方针与目标。常见的 5S 管理的推行方针有推行 5S 管理，塑造企业一流形象；规范现场、现物，提升员工的品质；改变设备、改变员工、改变环境，最终达成企业的根本改变等。

对于 5S 管理的推行目标，企业往往需要引进目标管理的方法，每个工作小组可以考虑为自身设置一些阶段性的目标，脚踏实地地实现这些目标，从而达到企业的整体目标。例如，走道每月被占用次数应保持在 3 次以下。

（3）宣传培训

5S 管理的实施需要全员的重视和积极参与，企业具体可采取以下方法进行前期宣传。

① 前期推行各项宣传活动，如板报比赛、标语比赛、征文比赛等。

② 标杆厂观摩。由5S管理推行组织的组长带领推行组织的成员及部分员工到5S管理标杆厂观摩，并和企业的现状做比较，共同讨论本厂与标杆厂的差异及其产生的原因。

③ 制订推行手册及海报标语。为了让全体员工了解并落实5S管理，企业最好能制订推行手册，并且人手一册。通过学习，全体员工能确切掌握 5S 管理的定义、目的、推行要领、实施办法、评估办法等。

④ 主管宣言。在全员集合的时候，由主管强调和说明推动 5S 管理的决心和重要性。

（4）拟定推行计划

拟定推行计划与相应的日程，并将推行计划公布出来，如表 6-6 所示，拟定推行计划的目的是让相关部门的负责人及全体员工都知道应该在什么时间内完成什么工作。

表 6-6　5S 管理推行计划表

序号	项目	推行 5S 管理的日程					
		1 月	2 月	3 月	4 月	5 月	6 月
1	成立推行组织						
2	前期准备						
3	宣传培训						
4	样板区域选定						
5	样板区域 5S 管理推行						
6	样板区域阶段性交流会						

（5）分段作业

分段作业的具体步骤如下。

① 现场诊断。企业在推进 5S 管理之前，必须根据 5S 管理的基本要求对企业的生产现场进行诊断评价，通过现场诊断，企业可以比较客观地掌握其现场管理的整体水平。

② 选定样板区域。企业在进行全面的现场诊断后，结合整个 5S 管理推行计划，选定一个样板区域，集中力量进行改善。

③ 实施改善。实施改善时，企业要注意保留以下有用的数据情报：改善前状况的图片、基本数据（空间、面积、金额、数量、人员等）、基本流程、重点问题、改善思路。

④ 全面推广。企业对样板区域的效果进行确认、总结与经验交流，改善其中存在的缺点，以供其他部门进行参观并全面推广实施 5S 管理。

（6）巡查考评

全面推行 5S 管理后，企业需要进行巡查考评。

巡查方面的要求如下。

① 企业根据检查标准组织员工进行自检和巡检。

② 责任部门及时进行纠正、整改。

③ 5S 管理小组建立预防机制，举一反三，消除隐患和潜在问题。

④ 5S 管理小组根据检查结果进行现场针对性辅导。

考评方面的要求如下。

① 5S 管理小组组织员工按考评标准进行检查打分。

② 奖励优秀部门，帮扶落后部门。

③ 总结优秀经验和落后教训，引导员工积极进取。

（7）综合分析

5S 管理活动推行一段时间后，企业应将员工召集起来，让每组员工针对自己开展 5S 管理的情况进行总结，展示改善成果及分享心得体会，以促进员工间的交流，实现共同提高。

通过 PDCA（Plan、Do、Check、Action）循环，在培训、考核、总结、分享中，企业不断确立新的目标，提升现场管理水平，让自己的根越扎越深，最终成长为参天大树。

>>> 6.1.3　定置管理

企业经常会出现工作场所物品摆放凌乱，工作空间给人一种压抑感，车间存放着大量有用的和无用的物品，活动场所变得很小，作业车道被堵塞，行人、搬运车辆无法通过，员工想找一件东西却不清楚放在何处等很多影响工作效率的现象。因此，企业需要对生产现场进行定置管理。

1. 定置管理的原理

定置管理提出于 20 世纪 50 年代，是根据日本企业生产现场管理实践得出的。后来，定置管理由日本企业管理专家清水千里在实际应用的基础上发展完善，并被提炼成为一种科学的管理方法。这一科学的管理方法在日本被诸多企业推广应用，取得了明显的效果。

定置管理以生产现场为研究对象，企业通过整理、整顿，把与生产现场无关的物品清除干净，把需要的物品放在规定的位置，以物品在生产场所中的科学定量为前提，以信息系统为媒介，使各生产要素有机结合，达到生产现场管理的科学化、规范化和标准化，在保障操作人员安全和身心健康的条件下，充分提高作业效率和生产效率。

在生产活动中，构成生产工序的要素有材料、半成品、机械设备、工装夹具、模具、操作人员、工艺方法、生产环境等，归纳起来就是人、物、场所、信息等要素。定置管理的目的是使人、物、场所三者处于最佳结合状态，实现人、物、场所在时间和空间上的优化组合。因此，定置管理着重于处理好人与物、物与场所，以及信息媒介与定置的关系等。

（1）人与物

按照人与物有效结合的程度，人与物的结合可归纳为以下 3 种基本状态。

① A 状态。

A 状态，即良好状态，是指人与物处于能够立即结合并发挥效能的状态。例如，操作人员使用的各种工具由于摆放地点合理且固定，当操作人员需要使用某种工具时，能立即拿到该工具，这是生产中的理想状态。

② B 状态。

B 状态，即需要改善的状态，是指人与物处于寻找状态或尚不能很好发挥效能的状态。例如，生产现场物品乱丢乱放，导致操作人员需要用某种物品时找不到，从而浪费时间。再如，一些半成品堆放不合理，加工时操作人员每次都需要弯腰将其捡起来，这样既会影响工时消耗，又会增加操作人员的劳动强度，B 状态在企业内是经常见到的。

③ C 状态。

C 状态，即需要予以彻底改造的状态，是指人与物失去联系的状态。这种状态下物品与生产已无关系，不需要人与物进行结合。例如，生产现场中存在已经损坏的设备、工具、模具，生产中产生的垃圾、废品、切屑，以及同生产现场无关的员工的生活用品等。这些物品放在生产现场，势必会占用作业现场和空间，而且影响员工的作业效率及安全。

因此，定置管理要通过相应的设计、改进和控制，消除 C 状态，改进 B 状态，使之成为 A 状态，并长期保持下去。

（2）物与场所

物与场所的有效结合是实现人与物合理结合的基础。研究物与场所的有效结合，就是对生产现场、人、物进行作业分析和动作研究，使物按生产需要、工艺要求，科学地固定在某场所的特定位置上，实现物与场所的有效结合，缩短人取物的时间，消除人的重复动作，以促进人与物的结合。

① 场所状态。

实现物与场所的合理结合，首先要使场所本身处于良好的状态。场所本身的布置一般有以下 3 种状态。

• A 状态。

A 状态，即良好状态。工作环境良好，场所作业面积、照明、噪声、通风、粉尘、有害气体等均符合有关标准，也符合操作人员的生理、安全、精神需求。

• B 状态。

B 状态，即需要改善的状态。工作环境存在一些缺憾之处，设备、工作地的布局不够合理，环境条件不能很好地符合操作人员的生理、安全、精神需求。

• C 状态。

C 状态，即需要予以彻底改造的状态。这种状态不符合操作人员在生理、安全、精神上的要求，其存在和延续对操作人员有严重危害。

定置管理的任务是保持 A 状态，并采取措施改善 B 状态和消除 C 状态。

② 定置方法。

实现物与场所的结合，要根据物流运动的规律，科学地确定物品在场所内的位置，即定置。定置方法有两种基本形式，包括固定位置与自由位置。

- 固定位置。

固定位置，即场所固定、物品存放位置固定、物品的信息媒介物固定。这种"三固定"的方法适用于周期性重复使用的物品，主要是那些用作加工手段的物品，如工具、检具、量具、工艺装备、工位器具、运输机械、机床附件等。

- 自由位置。

自由位置，即相对地固定一个存放物品的区域，在这个区域内物品的具体放置位置根据生产过程确定。这种形式同上一种形式相比，在规定区域内有一定的自由，因此被称为自由位置。这种方法适用于不回归、不重复使用的物品。例如，原材料、毛坯、零部件、产成品，这些物品的特点是需要按照工艺流程不停地从上一道工序向下一道工序流动，一直到最后出厂。

（3）信息媒介物

人与物的结合，需要有以下 4 个信息媒介物。

第一个信息媒介物是位置台账，它表明"该物在何处"，操作人员查看位置台账可以确定所需物品的存放场所。

第二个信息媒介物是平面布置图，它表明"该处在哪里"，操作人员查看平面布置图可以看到物品存放场所的具体位置。

第三个信息媒介物是场所标志，它表明"这儿就是该处"，指物品存放场所的标志，通常用名称、图示、编号等表示。

第四个信息媒介物是现货标志，它表明"此物即该物"。它是物品的自我标志，一般用各种标牌表示，标牌上有货物本身的名称及有关事项，在寻找物品的过程中，操作人员通过第一个、第二个信息媒介物，被引导到目的场所。

因此，第一个、第二个信息媒介物一般称为引导媒介物。操作人员再通过第三个、第四个信心媒介物来确认需要结合的物品。因此，第三个、第四个信息媒介物一般称为确认媒介物。人与物结合时，这 4 个信息媒介物缺一不可。建立人与物之间的连接信息，是定置管理这一管理方法的特色。是否能按照定置管理的要求，认真地建立、健全信息连接系统，并形成通畅的信息流，以有效地引导和控制物流，是推行定置管理成败的关键。

2. 定置管理的程序

（1）进行工艺研究

工艺研究是开展定置管理的起点，它是指对生产现场现有的加工方法、机器设备、工艺流程进行详细研究，确定工艺在技术水平上的先进性和经济上的合理性，分析是否需要和可能使用更先进的工艺手段及加工方法，从而确定生产现场产品制造的工艺路线和搬运路线。工艺研究包括以下 3 个步骤。

① 对现场进行调查，详细记录现行方法。通过查问资料、现场观察，定置管理人员要对现行方法进行详细记录，记录要详尽准确，以便为工艺研究提供基础资料。由于现代工业生产工序繁多，操作复杂，定置管理人员可以运用工业工程（Industrial Engineering，IE）的一些标准符号和图表来记录。

② 对记录进行分析，并寻找存在的问题。定置管理人员要对所调查记录的现有工艺流程及搬运路线等进行分析，找出存在的问题及其影响因素，提出改进方向。

③ 拟定改进方案。提出改进方向后，定置管理人员要对新的改进方案做具体的经济技术分析，并和原有的工作方法、工艺流程和搬运线路作对比，最后将较理想的方案作为标准化的方法实施。

（2）定置管理设计

定置管理设计就是对各类场地及物品进行科学、合理定置的统筹安排。定置管理设计主要包括定置图设计和信息媒介物设计。

① 定置图设计。

定置图是对生产现场的物品进行定量分析，并通过调整物品来改善场所中人与物、人与场所、物与场所的相互关系的综合反映图，其实质是工厂布置的细化过程。其种类有室外区域、车间、各作业区、仓库、资料室、工具室、计量室、办公室等定置图和特殊要求定置图。

定置图设计必须符合工厂布置的基本要求，主要有单一的流向和看得见的搬运路线，最大限度地利用空间，最大的操作方便，最短的运输距离和最少的装卸次数，切实的安全防护保障，最少的改进费用和统一标准，以及最大的灵活性及协调性。

② 信息媒介物设计。

信息媒介物设计包括信息符号设计、示板图设计、标牌设计。在推行定置管理的过程中，各类物品的停放布置、场所区域的划分等都需要运用各种信息符号表示，以便人们形象地、直观地分析问题和实现目视管理。

信息媒介物的标准设计主要包括各种区域、通道、流动器具的位置信息符号的设计，各种料架、工具箱、生活柜、工位器具等物品的结构和编号的标准设计，位置台账、物品确认卡片的标准设计，以及结合各种物品的专业管理方法制订各种物品进出、收发的定置管理办法的标准设计等。

（3）定置管理实施

定置管理实施是定置管理工作的重点，主要包括以下 3 个步骤。

① 清除与生产无关之物。

生产现场中凡与生产无关的物品都要清除干净。尽量转变利用各种物品，不能转变利用的物品可以变卖，以将其转变为资金。

② 按定置图实施定置。

各车间、部门都应按照定置图的要求，对生产现场的器具等物品进行分类、调整并定位。物品的定置要与定置图相符，位置要正确，摆放要整齐，储存要有固定容器。

③ 放置标准信息名牌。

标准信息名牌，又称标牌，是实现目视管理的手段。各生产现场、库房、办公室及其他场所都应有标牌，并做到牌、物、图相符，不能随意挪动标牌。标牌的放置要以醒目和不妨碍生产操作为原则。

总之，定置管理实施必须做到有图必有物，有物必有区，有区必挂牌，有牌必分类；按图定置，按类存放，账物一致。

（4）定置管理的检查与考核

定置管理的检查与考核一般分为两种情况：一是定置后的验收检查，检查不合格的不予通过，必须重新定置，直到合格为止；二是定期对定置管理进行检查与考核，这是需要长期进行的工作，它比定置后的验收检查工作更为复杂，更为重要。

定置管理的考核的基本指标是定置率，它表明生产现场中必须定置的物品中已经实现定置的程度。定置率的计算方式如公式（6-1）所示。

$$定置率 = \frac{实际定置的物品个数（种类）}{定置图要求定置的物品个数（种类）} \times 100\% \qquad （6-1）$$

案例分析

仓库的定置率

一家企业的仓库划分为甲、乙、丙 3 个定置区，分别应存放 6 件 A 物品、6 件 B 物品和 4 件 C 物品。但在实际检查时的状态如图 6-5 所示，试计算其定置率。

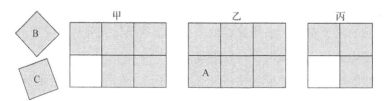

图 6-5　仓库实际摆放图

分析：根据图 6-5 的仓库实际摆放情况可知，B、C 各 1 件乱摆在甲区域的旁边，乙区域内误摆了 1 件 A 物品，则定置率为：

$$定置率 = \frac{16-3}{16} \times 100\% = 81.25\%$$

▶▶▶ 6.1.4 目视管理

1. 目视管理的含义

目视管理是企业利用形象直观、色彩适宜的各种视觉信息和感知信息来揭示管理状况和作业方法，从而组织现场生产活动，达到提高劳动生产率的目标的一种管理方式，它是一种利用视觉信息等来进行管理的科学方法，因此目视管理也称为"看得见的管理"或"可视化管理"，它能够让员工直观地看出工作的进展状况是否正常，并促使其迅速地做出判断和决策。

企业通过实施目视管理，可以使现场管理水平得到很好的提升；管理状态、管理方法形象直观、简单方便，有利于提高工作效率；透明度高，便于现场人员互相配合、监督和促进，发挥激励与协调作用；能够科学地改善生产条件和环境。

2. 目视管理的内容

目视管理作为一种管理手段和方法，可以在各项管理中发挥作用，主要包括以下几方面。

（1）物品的目视管理

物品管理是企业对工装夹具、计量仪器、设备的备用零部件、能源消耗品、原材料、在制品、成品等各种物品进行的管理。通常，企业对这些物品的管理有 4 种基本形式：随身携带，放在伸手可及之处，放在较近的架子上、抽屉内，放在储物室、货架中。

物品的目视管理的目标就是让员工知道"什么物品在哪里、有多少"和"必要的时候，必要的物品，无论何时都能被快速地放入、取出"。物品的目视管理的要点和方法如表 6-7 所示。

表 6-7　物品的目视管理的要点和方法

要点	方法
明确物品的名称和用途	用颜色区分
明确物品的放置场所，要使员工容易判断	采用有颜色的区域线及标志区分
明确物品的放置地点，要使员工容易取出	采用标志保证顺利地进行先入先出
决定合理数量，尽量保存必要数量，防止断货	标志出最大数量、安全量、订货量

（2）作业的目视管理

作业管理要求员工能容易地了解各作业及各工序的运行状态，以及是否有异常情况发生。作业的目视管理就是要简单明了地表示出以下 4 个方面：是否按要求正确地实施着，是否按计划在进行着，是否有异常发生，如果有异常发生该如何应对。作业的目视管理的要点和方法如表 6-8 所示。

表 6-8　作业的目视管理的要点和方法

要点	方法
明确作业计划及事前准备的内容，要使员工容易核查实际进度与计划进度是否一致	使用保养用日历、生产管理板、各类看板
作业能按要求正确实施，员工能够清楚地判断作业是否在正确实施	使用误用品报警灯
尽量及早发现异常	使用异常报警灯

（3）设备的目视管理

设备的目视管理是以员工能够正确地、高效地实施清扫、点检、加油、紧固等日常保养工作为目的，以求达到设备的"零"故障目标。设备的目视管理的要点和方法如表 6-9 所示。

表 6-9　设备的目视管理的要点和方法

要点	方法
清楚明了地标识出要进行维护保养的部位	使用颜色标贴
能迅速发现发热异常	在马达、泵上使用温度感应贴或油漆
清楚是否正常供给与运转	旁置玻璃管、小飘带；在各类盖板的极小化、透明化上下功夫
标示出计量仪器类设备的正常/异常范围与管理界限	用颜色表示范围（红色表示异常范围、绿色表示正常范围）
设备是否按照要求的性能、速度运转	标识出应有的周期与速度

（4）品质的目视管理

品质的目视管理可以有效地防止"人的失误"的产生，减少品质问题的发生，提高产品质量。品质的目视管理的要点和方法如表 6-10 所示。

表 6-10　品质的目视管理的要点和方法

要点	方法
防止人为失误导致的品质问题	合格品与不合格品分开放置，用颜色加以区分
设备异常的显露化	在重要部位贴上品质要点标贴，明确点检路线，防止遗漏
正确实施点检	对计量仪器按点检表逐项定期实施点检

（5）安全的目视管理

安全的目视管理的目的是将危险的事物予以暴露，刺激人的视觉，唤醒人的安全意识，防止事故与灾难的发生。安全的目视管理的要点和方法如表 6-11 所示。

表 6-11　安全的目视管理的要点和方法

要点	方法
注意有高差与突起之处	使用油漆或荧光色，刺激视觉
注意车间、仓库内的交叉之处	设置凸面镜或临时停止脚印图案

要点	方法
危险物的保管与使用	将有关规定醒目地标识出来
设备的紧急停止按钮设置	设置在容易触及的地方，且有醒目的标志

3. 目视管理的工具

（1）红牌

红牌适用于 5S 管理中的整理，是改善的基础，主要用来标识日常生产活动中的非必需品，挂红牌的活动又称为红牌作战。在工厂里，找到问题点，并悬挂红牌，让大家都直观地看到需要改善的部分，从而达到整理、整顿的目的。

（2）看板

在目视管理中，看板的用途主要有 3 种。一是性质、状况说明。将作业区库存状况制成看板，悬挂在生产现场，现场人员能随时知道物料的存储状态。二是生产、产品品质状况说明。通过设置生产、产品品质状况看板，现场人员可及时了解生产进度、产品品质高低等信息。三是设备操作、点检说明。将操作说明制成看板悬挂在设备上，操作人员能清楚设备的操作要点。

看板的具体功能概括如下。

① 生产计划发布：将生产计划实时发布到生产现场。

② 实时产量统计：实时统计生产现场产量。

③ 生产线异常通知：出现缺料、设备故障等异常时，实时通报相关人员。

④ 处理流程跟踪：跟踪异常处理过程，督促相关人员及时处理。

⑤ 生产效率统计：统计生产效率，并对各生产线效率进行统计分析。

⑥ 异常状况统计：统计各类异常状况的发生次数及发生时间，并进行归类分析。

（3）信号灯

在生产现场，一线管理人员必须随时知道作业人员或机器是否在正常作业、正常运作。信号灯是工序内发生异常时，用于通知管理人员的工具。信号灯的种类包括以下几个。

① 发音信号灯。

发音信号灯适用于物料请求通知，当工序内物料用完时，发音信号灯会立刻通知送料人员，以使物料得到及时供应。

② 异常信号灯。

异常信号灯用于产品质量不良及作业异常等异常发生场合，通常安装在大型工厂的较长的生产、装配流水线上。一旦出现不良产品及机器故障等异常，员工按下异常信号灯，生产管理人员就能马上前往现场处理，异常情况被排除以后，生产管理人员就可以把异常信号灯关掉，然后员工可以继续作业和生产。

③ 运转指示灯。

运转指示灯用于显示设备的运转状态、启动、转换或停止等状况。当设备停止时，它还会显示设备停止的原因。

④ 进度灯。

进度灯是比较常见的，安装在组装生产线、手动或半自动生产线上，它的每一道工序间的时间间隔大概是 1～2 分钟，用于组装节拍的控制，以保证产量。

（4）操作流程图

操作流程图是描述工序重点和作业顺序的简明指示书，也称为步骤图，用于指导生产作业。在车间内，特别是工序比较复杂的车间内，看板上一定要有操作流程图。

（5）区域线

用醒目的线条画出原材料、半成品、成品等物品放置的场所或通道等区域，这些线条就是区域线，区域线主要用于整理与整顿，以保持生产现场的良好秩序。

（6）警示线

警示线是在仓库或其他物品放置处，用来表示最大或最小库存量的涂在地面上的彩色漆线。

（7）反面教材

反面教材是结合现物和柏拉图的表示，让现场的作业人员明白不良现象及其后果，一般放在人多的显著位置。

另外，目视管理的工具还包括告示板、生产管理板、提醒板等。

6.2 库存管理与优化

库存是指企业为将来使用或销售而储备的物料，包括原材料、半成品、成品等。库存水平的高低会对企业的生产经营产生重要的影响。必要的库存数量能防止产品供应中断、交货期延误，确保生产的连续和稳定。库存有利于提高供货的弹性，企业根据需求变动调整库存，可以减少产销矛盾。但过多的库存会掩盖生产中的各种问题，如计划脱节、管理不到位、出现废次品和在制品过多等。因此，在一定的生产技术和经营管理水平下，加强库存管理，使库存保持在经济合理的水平上显得尤为重要。

▶▶▶ 6.2.1 库存管理的概念

1. 库存的分类

下面将从库存物料所处状态和库存的功能两个角度来划分库存。

（1）按库存物料所处状态划分

① 原材料库存。原材料库存是指企业通过采购和其他方式取得的，直接用于制造生

产最终输出品的物品、商品和要素。

② 在制品库存。在制品库存是指正在被加工或等待加工的所有材料、零部件、装配件。在制品是指所有那些已经离开原材料库存，但还未被转化或装配为最终产品的制品。

③ 产成品库存。产成品库存就是已经制造完成并等待装运，可以对外销售的已被制成产品的库存，是完工产品的库存。

不同物料的状态与位置如图 6-6 所示。

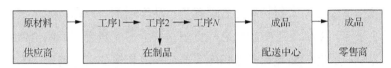

图 6-6　不同物料的状态与位置

（2）按库存的功能划分

① 周转库存。批量周期性形成的库存称为周转库存。由于周转库存的大小与订货的频率成反比，因此如何在订货成本和库存成本之间进行权衡是企业管理者在决策时主要考虑的因素，目的是使库存成本与订货成本最小化。

② 安全库存。安全库存，又称缓冲库存，是企业为了应付需求、生产周期或供应周期的变化，防止因缺货造成损失而设置的一定数量的库存。安全库存的数量除受需求和供应的不确定性影响外，还与企业希望达到的顾客服务水平有关，这些是企业管理者在对安全库存进行决策时主要考虑的因素。在实践中，企业可以通过缩短生产周期与订货周期、减少供应的不稳定性、改善需求预测工作和加强设备与人员的柔性来降低安全库存。

③ 调节库存。调节库存是为了调节需求或供应的不均衡、生产速度与供应速度的不均衡、各个生产阶段的产出的不均衡而设置的一定数量的库存。企业可以在某个时间发生之前建立库存，以备事件期间或之后可能产生的需求，而不是一段时间拼命加班而另一段时间由于需求不足又限产或停止生产。

④ 在途库存。在途库存是指正处于运输中的，停放在两个工作地之间或相邻组织之间的库存。在途库存的大小取决于运输时间及该时间内的平均需求。企业要降低在途库存，可采取缩短生产—配送周期的基本策略。

2. 库存管理的含义

库存管理是企业对生产经营全过程的各种物品、产成品及其他资源进行管理和控制，使其储备量保持在经济合理的水平上。

库存管理的内容包含仓库管理和库存控制两个部分。仓库管理是指企业对库存物料的科学保管，以减少损耗，方便存取；库存控制则要求企业保持合理的库存水平，即用最少的投资和最少的库存管理费用，维持合理的库存，以满足使用部门的需求和减少缺货损失。

（1）库存管理的作用

库存管理的重要作用是企业在保证生产、经营需求的前提下，使库存经常保持在合理的水平上；掌握库存动态，适时适量提出订货，避免超储或缺货；减少库存空间占用，降低库存总费用；控制库存资金占用，加速资金周转。

（2）库存的合理控制

企业需要对库存进行合理控制，过多或过少的库存控制均会产生诸多问题。库存过大所产生的问题包括增加仓库面积和库存管理费用，从而增加了产品成本；占用大量的流动资金，造成资金呆滞，既加重了货款利息等负担，又会影响资金的时间价值和机会成本；造成产成品和原材料的有形损耗和无形损耗；造成企业资源的大量闲置，影响其合理配置和优化；掩盖了企业生产、经营全过程中的各种矛盾和问题，不利于企业提高管理水平。

库存过小所产生的问题包括造成服务水平下降，影响销售利润和企业信誉；造成生产系统中原材料或其他物料供应不足，影响生产过程的正常进行；使订货间隔期缩短，订货次数增加，订货（生产）成本增加；影响生产过程的均衡性和装配时的成套性。

▶▶▶ 6.2.2　库存管理的方法

企业在进行库存管理时需要在考虑成本的基础上，结合自身实际采取合理的库存管理方法。

1．库存管理成本

（1）采购成本

采购成本是指企业在采购物资过程中发生的由买价和运杂费构成的成本，其总额取决于采购数量和单位成本，单位成本一般不随采购数量的变动而变动。

（2）订货成本

订货成本是指企业为订购材料、商品而发生的成本，包括采购人员的工资、采购部门的一般经费（如办公费、水电费、折旧费、取暖费等）和采购业务费（如差旅费、邮电费、检验费等）。其中有一部分成本是为了维持一定的采购能力而发生的，其各期金额比较稳定，称为固定订货成本；另一部分成本是随订货次数的变动而呈正比例变动的成本，称为变动订货成本。

（3）存储成本

存储成本是指因存储货物而发生的成本，包括支付给储运公司的仓储费、存货所占资本的机会成本、保险费、财产税、锈蚀变质损失、企业自设仓库的一切费用。存储成本包括固定存储成本和变动存储成本两部分。其中，固定存储成本的总额相对稳定，与存货量的多少和时间的长短无关；而变动存储成本的总额则取决于存货量的多少和时间的长短。

（4）缺货成本

缺货成本是指企业由于不能满足顾客需求而产生的成本。它主要包含两方面的费用：

一是由于赶工处理这些误期任务而追加的生产与采购费用；二是由于丢失顾客而对企业的销售与信誉所造成的损失，也包括误期的赔偿费用。一般情况下，缺货成本大都为机会成本，而且缺货成本会随着缺货量的增加而增加。

2. 经济订货批量

经济订货批量（Economic Order Quality，EOQ），即企业通过库存成本分析求得在库存成本最小时的每次订货批量，用以解决独立需求物品的库存管理问题。经济订货批量的基本模型如图 6-7 所示。

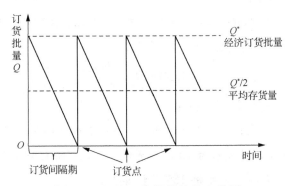

图 6-7　经济订货批量的基本模型

经济订货批量设立的假设条件包括以下几个。

① 企业能及时补充库存，即需要订货时便可立即取得货物。

② 集中到货，而不是陆续到货。

③ 不允许缺货，即缺货成本为零。

④ 需求量稳定并且能被预测。

⑤ 货物单价不变，不考虑现金折扣。

⑥ 企业现金充足，不会因为现金短缺而影响进货。

⑦ 所需货物供应充足，不会因买不到需要的货物而影响进度。

在 EOQ 设立的假设条件下，成本与订货批量大小有关，如图 6-8 所示，总成本（Total Cost，TC）的计算方式如公式（6-2）所示。

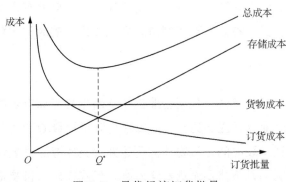

图 6-8　最优经济订货批量

$$TC=货物成本+存储成本+订货成本$$
$$=D \times P+I \times \frac{Q}{2}+A \times \frac{D}{Q}=D \times P+\sqrt{2AID} \qquad （6-2）$$

式中：D——产品需求量；

$\quad\quad P$——单位产品价格；

$\quad\quad I$——单位产品存储成本；

$\quad\quad Q$——订货批量；

$\quad\quad A$——每次订货成本。

因此，经济订货批量 EOQ 是根据总成本 TC 最小计算得到的订货批量，即 TC 对 Q 求导为 0 时的 Q，计算结果如公式（6-3）所示。

$$EOQ = Q^* = \sqrt{\frac{2AD}{I}} \qquad （6-3）$$

式中：EOQ，Q^*——经济订货批量。

【例 6-1】某企业需要采购 5 000 个零部件，每个零部件的价格为 80 元，其存储成本为 1 元 /（件·年），每次订货成本为 10 元。请计算最优经济订货批量以及一年的订货次数、订货间隔期以及总成本（一年按 365 天计算）。

【解】

根据题目要求可知：

D=5 000 件，A=10 元/次，I=1 元 /（件·年），P=80 元

最优经济订货批量：$Q^* = \sqrt{\frac{2AD}{I}} = \sqrt{\frac{2 \times 10 \times 5\,000}{1}} \approx 316$件

年订货次数：$N=D/Q^*$=5 000/316=16 次

订货间隔期：T=365/N=365/16=23 天

总成本：$TC = D \times P + \sqrt{2AID} = 5\,000 \times 80 + \sqrt{2 \times 10 \times 1 \times 5\,000} \approx 400\,316$元

3. 库存控制方法

库存控制是在库存动态变化的基础上，按照经济合理的原则，采用适当的方法对库存进行调节、控制的活动，目的是以最低的总库存成本和库存量来满足生产。

常用的库存控制方法有两种：一种是定量控制法，即对库存量进行连续观测，观察其是否达到再订货点；另一种是定期控制法，即按照固定的时间周期来检查库存量，达到控制库存的目的。

（1）定量控制法

定量控制法也称为订货点法，是指企业连续不断地检查库存量的变化，当库存量下降到再订货点 R 时，企业立即提出订货，且每次的订货批量 Q 是固定的。由于订货有提前期 L，因此需要经过一段时间，货物才能到达并补充库存。需要说明的是，在需求和订货提前期确定的情况下，不需要设置安全库存，但在需求和订货提起期都不确定的情况下，需要设置安全库存。定量控制法的库存变化如图 6-9 所示。

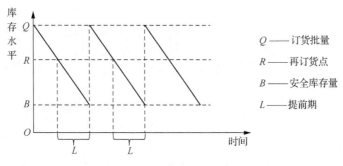

图 6-9　定量控制法的库存变化

再订货点的确定包括两种情况。

① 在需求和订货提前期确定时，不需设置安全库存。

$$订货点=订货提前期（天）×全年需求量/360$$

② 在需求和订货提前期都不确定时，需要设置安全库存。

$$订货点=（平均需求量×最大订货提前期）+安全库存$$
$$安全库存=安全系数×\sqrt{最大订货提前期×需求标准差}$$

式中，安全系数可以根据缺货概率查表得到，需求标准差$=\sqrt{\dfrac{\sum(y_i-\bar{y})^2}{n}}$。

因此，定量控制法的特点如下。

① 每次的订货批量通常是固定的。

② 每两次订货的时间间隔通常是变化的，其长短主要取决于需求的变化情况，需求大则时间间隔短，需求小则时间间隔长。

③ 订货提前期基本不变，订货提前期是由供应商的生产与运输能力等外界因素决定的。

【例 6-2】某便民超市销售抽纸，每当剩下 5 箱时就发出订货，每次订货批量为 40 箱，发出订货后 10 小时内货物能到达超市。

【解】案例中的库存控制方法为定量控制法。每当超市剩下 5 箱抽纸时就发出订货，所以再订货点 R 为 5 箱。每次订货批量 Q 为 40 箱，订货提前期 L 为 10 小时。

（2）定期控制法

定期控制法是指每隔一个固定的间隔期 T 就发出订货，每次订货量不固定，以达到目标库存量 Q 为限，如图 6-10 所示。从图 6-10 可以看到，订购提前期是 L，每次订货量 Q_1、Q_2、Q_3 不一定相同，它由实际库存情况决定，有时甚至会出现缺货的现象。

定期控制法是一种定期盘点库存的控制方法，它具有以下几个特点。

① 每两次订货的时间间隔 T 是固定的。

② 每次订货批量是不确定的。管理人员按规定时间检查库存量，并对未来一段时间内的需求情况做出预测，若当前库存量较少，预计的需求量将增加，则可以增加订货批量，反之则可以减少订货批量。

③ 订货提前期 L 基本不变。

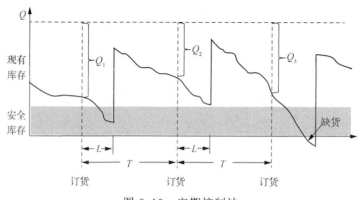

图 6-10　定期控制法

这种控制方法的优点是当物资出库后不需要对库存品种数量进行实地清点，可以省去许多库存检查工作，只在需要订货的时候检查库存，简化了工作；缺点是在两次订货之间没有库存记账，则有可能在此期间出现缺货的现象。如果某个时期需求量突然增大，也有可能发生缺货，所以这种控制方法一般适用于非关键性物资。

另外，这种控制方法主要面对的关键问题是确定订货间隔期和每次订货批量。

① 订货间隔期 T。

一般来说，订货间隔期 T 由存储物资的性质来定。对存储费用高、缺货损失大的物资，订货间隔期可以定得短一点，反之，订货间隔期可以定得长一点。

② 每次订货批量。

每次订货批量可由下式确定。

订货量＝平均日需用量×订货间隔期＋保险储备量－现有库存量－已订货未交量

保险储备量＝保险储备天数×平均日需用量

式中，保险储备天数可由以往的统计资料中的平均误期天数来确定。

6.3　质量管理与优化

日本企业家松下幸之助曾说："对产品来说，不是 100 分，就是 0 分。"任何产品，只要存在一丝一毫的质量问题，都意味着失败。"100-1=0"要求产品在质量上必须完全合格，如果出现一丁点儿的不合格，则所有努力都将可能白费。因此，质量管理也被称为"企业的生命"。

▶▶▶ 6.3.1　质量管理的概念

1. 质量

美国质量管理专家朱兰把产品质量定义为质量就是使用性，菲利浦·克劳斯比则将产品质量定义为产品符合规定要求的程度,现代管理科学对质量的定义涵盖了产品的"符合性"与"适应性"两方面的内容。ISO 9000 系列国际标准中关于质量的定义是一组固有特性满足要求的程度。"要求"的含义如图 6-11 所示,包括明确的、隐含的、必须的及相关方的要求。

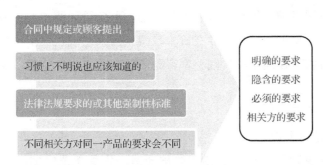

图 6-11 "要求"的含义

全面质量包括产品质量、工序质量与工作质量。

① 产品质量是指产品具有一定用途以满足人们一定需求的特性,即产品的使用价值。产品质量特性是产品质量能满足人们和社会需求的程度,通常概括为可用性、寿命、可靠性、安全性和经济性等方面。

② 工序质量又称为工程质量,是指制造过程中的产品质量,即制造过程能保证产品符合设计标准的质量,可用工序能力指数来表示。影响工序质量的因素是多方面的,包括生产符合设计要求的合格产品应具备的全部手段和条件,人们习惯上把这些手段概括为人员、机器、材料、方法、环境和士气 6 个要素。

③ 工作质量是为了保证和提高产品质量所做的工作的好坏程度。具体地说,工作质量是企业的经营管理工作、技术工作和组织工作对达到产品质量标准和提高产品质量的保证程度,它是产品质量的保证和基础。工作质量的高低可以用工作效率、产品质量和经济效益来反映,具体可用废品率、合格品率和返修品率等工作指标直接进行衡量。

2. 质量管理

质量管理是组织指导和控制的,与质量有关的活动,通常包括质量方针和质量目标的建立、质量策划、质量控制、质量保证和质量改进。质量管理是以质量管理体系为载体,通过建立质量方针和质量目标,并为达成规定的质量目标而进行质量策划,实施质量控制和质量保证,开展质量改进等的活动。质量管理涉及组织的各个方面,是否有效地实施质量管理关系到组织的成败。

质量管理的发展经历了质量检验阶段,此阶段重视产品检验;接着是质量统计阶段,此阶段重视生产工艺流程的管理;直至如今发展到全面质量管理阶段,此阶段重视与产品相关的全过程的质量管理。

3. 全面质量管理

（1）全面质量管理的含义

全面质量管理（Total Quality Management，TQM）是企业组织全体员工和相关部门参加，综合运用现代科学管理技术成果，控制影响质量形成全过程的各因素，以经济地研制、生产和提供顾客满意的产品和服务为目的的系统管理活动。全面质量管理被提出后，相继被很多国家重视和运用，并在日本取得了巨大的成功。多年来，随着世界经济的发展，全面质量管理在理论和实践上都得到了很大的发展，构建了现代企业以质量为核心的经营管理体系。

（2）全面质量管理的特点

① 全员参与质量管理。

全员参与质量管理即全体员工参与质量管理。质量管理的全员性、群众性是科学质量管理的客观要求。产品质量的好坏，是众多工作和生产环节的综合反映，因此它涉及企业的所有部门和所有人员。这就是说，一方面，产品质量与每个员工的工作有关，提高产品质量需要依靠所有人员的共同努力；另一方面，在这个基础上产生的质量管理和其他各项管理，如技术管理、生产管理、资源管理、财务管理等方面之间，存在着有机的辩证关系，它们以质量管理为中心环节，相互联系，相互促进。因此，实行全面质量管理要求企业在集中统一领导下，把各部门的工作有机地组织起来，人人都必须为提高产品质量、加强质量管理尽自己的职责。只有人人都关心产品质量，都对产品质量高度负责，企业的质量管理才能搞好，才有生产优质产品的坚实基础和可靠保证。

② 全过程质量管理。

全过程质量管理即全面质量管理涵盖企业生产经营的全过程。产品质量有一个逐步产生和形成的过程，它是在企业生产经营的全过程中逐步形成的。所以，好的产品质量是设计和生产出来的，不是仅靠检验得到的。根据这一规律，全过程质量管理要求企业从产品质量形成的全过程出发，在产品设计、制造到使用的各环节致力于产品质量的提高，做到防检结合，以防为主。质量管理向全过程质量管理的发展，能使企业有效地控制各项质量影响因素，全过程质量管理不仅充分体现了以预防为主的思想，能保证质量标准的实现，而且着眼于工作质量和产品质量的提高，有利于企业实现新的质量突破。企业应根据顾客的需求，在每一个环节都致力于产品质量的提高，从而形成一种更加积极的全过程质量管理。

③ 全面的质量管理。

全面的质量管理，即管理的对象是全面的，不仅要管理产品质量，还要管理产品质量赖以形成的工序质量和工作质量。实行全面的质量管理是达到预期的产品目标和不断提高产品质量水平，经济而有效地搞好产品质量的保证，能使工序质量和工作质量处于最佳状态，最终达到预防和减少不合格品、提高产品质量的目的，并有利于企业做到成本降低、价格便宜、供货及时、服务周到，以全面质量的提高来满足顾客各方面的使用要求。

④ 管理方法多样化。

管理方法多样化，即用于管理质量的方法是全面的、多种多样的，多种管理方法与科学技术组成了综合性的方法体系。全面、综合地运用多种方法进行质量管理，是科学质量管理的客观要求。现代化大生产、科学技术的发展、生产规模的扩大和生产效率的提高，对产品质量提出了越来越高的要求。影响产品质量的因素也越来越复杂，既有物的因素，又有人的因素；既有生产技术的因素，又有管理方法的因素；既有企业内部的因素，又有企业外部的因素。要统筹管理如此众多的影响因素，单靠一两种质量管理方法是不可能实现的，企业必须根据不同情况，灵活运用各种现代化管理方法和措施加以综合治理。

上述的"三全一多样"是推行全面质量管理的出发点和落脚点，也是全面质量管理的基本要求。坚持质量第一，把顾客的需求放在第一位，树立为顾客服务、对顾客负责的思想，是使全面质量管理贯彻始终的指导思想。

拓展阅读

降落伞的零缺陷管理

这是一个关于降落伞质量的故事。以前，降落伞的安全度不够完美，经过降落伞制造商的努力改善，其生产的降落伞的良品率达到了 99.9%，这个良品率即使现在的许多企业也很难达到。但是飞行大队对降落伞制造商提出了更高的要求，他们要求降落伞制造商交付的降落伞的良品率必须达到100%。于是降落伞制造商的总经理便去飞行大队商讨此事，看是否能够降低这一良品率标准。因为降落伞制造商认为，良品率能够达到 99.9%已经接近完美了，没有进一步完善的必要。当然，美国空军一口回绝，因为质量没有折扣。后来，飞行大队要求降落伞制造商改变检查降落伞质量的方法。那就是从降落伞制造商前一周交付的降落伞中，随机挑出一个，让降落伞制造商负责人背上降落伞，亲自从飞行中的飞机上跳伞。这个方法实施后，降落伞的不良率很快就变成了0。

（3）全面质量管理的工作方法

全面质量管理的工作方法为 PDCA 循环法，它是美国质量管理专家戴明首先提出来的，所以又叫戴明循环法，它反映了质量管理活动应遵循的科学程序。PDCA 循环是英文 Plan（计划）、Do（执行）、Check（检查）、Action（处理）的首字母缩写，即质量管理活动要按照计划、执行、检查和处理的顺序进行，形成从制订计划，经过组织实施，到效果检查和总结提高的管理过程。

① PDCA 循环的 4 个阶段。

P——计划阶段。在这个阶段，企业要确定质量管理的目标和怎样实现目标。

D——执行阶段。在这个阶段，企业要严格按照计划规定的目标和具体方法去做实实在在的质量管理工作。

C——检查阶段。在这个阶段，企业要检查执行阶段是否完成了计划阶段的目标，是否达到了预期效果。

A——处理阶段。这个阶段也被称作"总结"阶段。对于从执行阶段中找出的成功的经验或失败的教训，企业要进行纳入标准和总结遗留问题两个工作步骤。

PDCA 循环作为科学的管理程序，其 4 个阶段是相辅相成、缺一不可的，而且先后顺序不能颠倒。PDCA 循环充分体现了全面质量管理方法与传统的质量管理方法的差异性，它是把质量管理工作推向标准化、规范化工作轨道的关键。

② PDCA 循环的特点。

如果把整个企业的工作当作一个大的 PDCA 循环，那么各个部门、小组还有各自的 PDCA 循环。上一级 PDCA 循环是下一级 PDCA 循环的依据，下一级 PDCA 循环又是上一级 PDCA 循环的贯彻落实和具体化，通过这种方式，企业可以把全面质量管理体系有机地联系起来，彼此协同、互相促进，如图 6-12 所示。

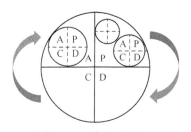

图 6-12 大环套小环

第一个特点为阶梯式上升。PDCA 循环不是在同一水平上循环，而是每循环一次，就解决一部分问题，取得一部分成果，工作就前进一步，水平就提高一步。到了下一次循环，又有了新的目标和内容。PDCA 循环的阶梯式上升过程如图 6-13 所示。

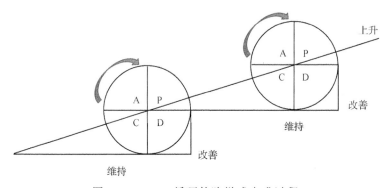

图 6-13 PDCA 循环的阶梯式上升过程

第二个特点为科学管理方法的综合应用。PDCA 循环把以质量统计控制工具为主的统计处理方法及工业工程中的工作研究方法作为进行工作和发现、解决问题的工具。

PDCA 循环是有效进行任何一项工作的合乎逻辑的工作程序。PDCA 循环在质量管理中得到了广泛的应用，并取得了很好的效果。之所以将其称为 PDCA 循环，是因为这 4 个阶段不是运行一次就结束了，而是会周而复始地运行，直至彻底解决质量问题。

4．质量成本

质量成本是质量管理活动和质量改进成果的经济表现。质量成本可以进一步细分为预防成本、鉴定成本、内部故障成本和外部故障成本，如表 6-12 所示。

表 6-12　质量成本的构成

分类	内容
预防成本	企业为了防止质量水平低于所需水平的活动费用和采取措施所发生的多项费用
鉴定成本	企业为评定质量要求是否得到满足而进行的试验、检验和检查所支付的费用
内部故障成本	产品（包括原材料、半成品、成品）在交付前因不能达到质量要求造成的损失
外部故障成本	产品在交付后，在传送过程中及交到顾客手中后（保修期内），因未能达到质量要求造成的损失

为了降低质量成本，企业应根据实际情况采取不同的措施，图 6-14 所示为质量成本的构成。

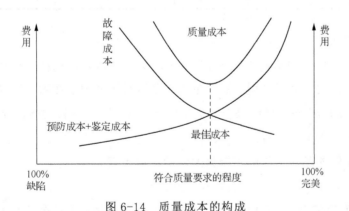

图 6-14　质量成本的构成

根据图 6-14 中质量成本的构成，企业可以采取以下措施降低质量成本。

① 在达到最佳成本之前，故障成本在质量成本中占主导地位，此时企业应以改进质量为主，以期降低质量成本。

② 在达到最佳成本之后，预防成本和鉴定成本在质量成本中占主导地位，此时企业应着手提高检验工作效率，以降低预防成本和鉴定成本。

▶▶▶ 6.3.2 质量管理的工具

1. 分层法

分层法是质量管理中常用来分析影响质量因素的重要方法，就是企业把收集来的原始质量数据，按操作人员、设备、原材料、工艺方法、环境、测量方法、时间等进行分类整理，以便分析质量问题及其影响因素的一种方法。使用分层法可使数据更真实地反映事物的性质，有利于企业找出主要问题，明晰责任，并及时加以解决。分层的原则是组内数据波动的幅度尽可能小，组间数据的差异尽可能大。

【例6-3】某种零部件分别在4台车床上加工，共生产零部件667个，其中不合格品22个，把这些零部件按加工的车床进行分组，如表6-13所示。分组结果反映出，不合格品主要是由2号车床生产的，因此，企业需要立即对2号车床进行检修，才能减少不合格品的生产数量。

表6-13　统计分组

车床编号	产品数/个	不合格数/个	所占比例/%
1号	170	2	9
2号	168	18	82
3号	169	0	0
4号	170	2	9
合计	677	22	100

2. 排列图法

排列图法，又称为帕累托（Pareto）图法，是一种用来查找影响产品质量的主要原因的定量方法。排列图法所依据的原理是关键的少数和次要的多数，这种原理应用在生产管理中就是，80%的问题可能来自20%的人员、机器、材料、方法，80%的报废、返工成本可能来自20%的原因等。

下面通过案例的形式具体讲解排列图法的应用步骤。

（1）收集有关数据

【例6-4】安德货场11月份由于工作质量造成损失的原因及金额如下：装卸摔伤损失为360元、包装损坏损失为115元、挤压变形损失为80元、货物丢失损失为770元、污损货物损失为165元、其他损失为110元。

（2）编制影响因素统计表

根据收集到的数据，将影响因素按照频数（损失金额）从大到小排列，并计算相应的频率和累计频率，如表6-14所示。

表 6-14　影响因素统计表

影响因素	损失金额（频数）/元	损失金额比例（频率）/%	累计频率/%
货物丢失	770	48.1	48.1
装卸摔伤	360	22.5	70.6
污损货物	165	10.3	80.9
包装损坏	115	7.2	88.1
挤压变形	80	5.0	93.1
其他	110	6.9	100
合计	1 600	100	

（3）绘制排列图

根据影响因素统计表中的数据绘制排列图，其中横坐标为影响因素，按频数大小从左到右排列（"其他"排在最右侧）；纵坐标为频数与累计频率，分别以条形图和折线图的形式展现，如图 6-15 所示。

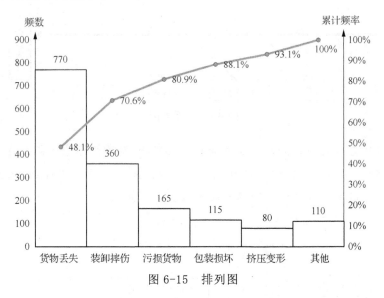

图 6-15　排列图

（4）排列图分析

按照累计频率，影响因素通常可以分为以下 3 类。

累计频率在 80%以下的为 A 类因素，即主要因素。

累计频率在 80%~90%的为 B 类因素，即次要因素。

累计频率在 90%以上的为 C 类因素，即一般因素。

根据上述分类标准，结合排列图，可以得出本例中的 A 类因素为货物丢失、装卸摔伤，累计频率为 70.6%；B 类因素为污损货物、包装损坏，累计频率为 88.1%；C 类因素为挤压变形和其他，累计频率为 100%。

最后，对 A 类因素重点提出改进措施。

3. 因果图法

因果图法又称为鱼刺图法，是用来分析影响产品质量的各种原因的一种定性分析方法。该方法是以某一质量问题（结果）为出发点，从操作人员、操作方法、设备、原材料、环境、测量方法等方面入手，逐步探寻产生质量问题的原因。企业在调查问题原因时，应召开质量分析会。企业在寻求各种原因时，要从粗到细，从小到大，形象地描述出它们之间的因果关系，直到能具体采取措施解决为止。经过记录和整理，将问题绘制成一个图。对用因果图找出的主要原因通常可用对策表来制订对策措施。

因果图就是以结果作为特性，以原因作为因素，在它们之间用单向箭头连接表示因果关系的一种图形。因果图是由质量问题（生产过程或工作过程中出现的结果）、原因（对质量特性产生影响的因素）、枝干（表示特性与原因关系的单向箭头）构成的，如图 6-16 所示。

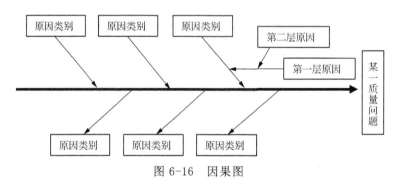

图 6-16　因果图

分析现场质量问题时，为避免遗漏通常以 5M1E 对原因进行分类：人（Man）、机（Machine）、料（Materiel）、法（Method）、测（Measure）、环（Environment）。但这不是绝对的，企业可根据待分析的问题的具体情况进行调整。

例如，图 6-17 所示为某产品不合格的因果图。

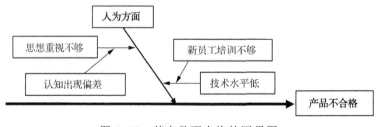

图 6-17　某产品不合格的因果图

4. 直方图法

直方图又称质量分布图，它用于分析和描述生产过程中产品质量的分布状况，以便企业对总体质量的分布特性进行推断，从而掌握和控制生产过程的质量保证能力。直方图是工序质量控制统计方法中的主要工具之一。一般情况下，正常的直方图的规律是中间高、两边低，从中间向两边逐渐下降分布，如图 6-18 所示。

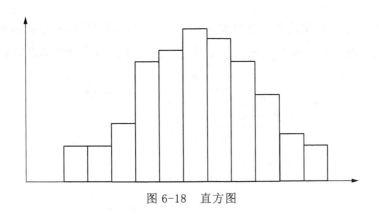

图 6-18　直方图

直方图可用于揭示质量问题，确定质量改进点。从直方图中，我们可以直观地看出产品质量特性的分布形态，便于判断生产过程是否处于控制状态，以决定是否采取相应的对策。从分布类型上来说，直方图可以分为正常型直方图和异常型直方图。正常型直方图是指整体形状大致左右对称的图形，此时生产过程处于稳定状态（统计控制状态），如图 6-19（a）所示。如果是异常型直方图，就要分析产生质量问题的原因，并加以处理。常见的异常型直方图有 6 种，如图 6-19（b）～（g）所示。

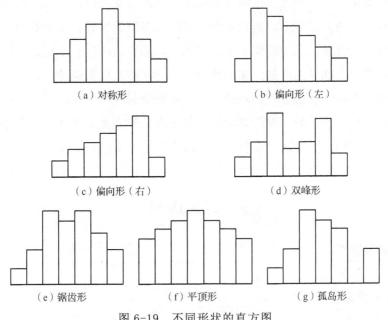

图 6-19　不同形状的直方图

5. 控制图法

控制图，又称为管理图，是一种对生产过程进行动态控制的质量管理工具，它可以用来区分产品质量波动究竟是由偶然性因素引起的还是由非偶然性因素引起的，从而判断生产过程是否处于控制状态。其主要作用是进行工序质量控制，即起到监控、报警和预防的作用。

企业应在生产过程中定时抽取样本，把收集到的数据绘制成控制图，控制图的基本格式如图 6-20 所示。如果数据点落在两条控制线之间，则表明生产过程正常，否则表明生产过程出现异常，需要采取措施、加强管理，使生产过程尽快恢复正常。

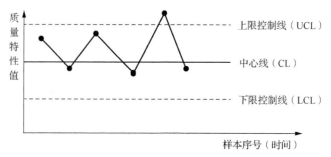

图 6-20　控制图的基本格式

本章小结

　　为了进一步优化生产运作系统，企业需要对与生产过程密切相关的环节进行管理，本章重点阐述了现场管理与优化、库存管理与优化及质量管理与优化。首先是现场管理与优化，由于企业的主要活动都是在生产现场完成的，生产现场集中了企业主要的人力、物力、财力。因此，企业可以运用 5S 管理、定置管理、目视管理等方法进行现场管理；其次是库存管理与优化，必要的库存数量能防止产品供应中断、交货期延误，确保生产的连续和稳定，有利于提高供货的弹性，企业可以根据需求变动调整库存，以减少产销矛盾；最后是质量管理与优化，不管是产品质量、工序质量，还是工作质量，都影响着企业最终产品的质量。总之，企业应借助现场管理、库存管理和质量管理的改善来优化其生产运作系统。

课后练习

一、名词解释

1．生产现场
2．定置管理
3．目视管理
4．库存
5．经济订货批量
6．质量

二、单项选择题

　　1．现场管理是指企业运用科学的管理思想、管理方法与管理手段，对生产现场的各种生产要素，包括人、（　　　）、料、法、环、信等进行合理配置和优化组合。

A．机   B．物   C．工   D．事

2．5S 是指（   ）、整顿、清扫、清洁、素养。

A．整齐   B．整理   C．清理   D．素质

3．整顿的三定原则是定点、定容和（   ）。

A．定期   B．定责   C．定量   D．定力

4．定置管理的目的是使人、（   ）、场所三者处于最佳结合状态。

A．物   B．工艺   C．信息   D．工序

5．定置方法中的（   ），适用于周期性重复使用的物品，主要是那些用作加工手段的物品。

A．自由位置   B．固定位置   C．任意位置   D．初始位置

6．（   ）是开展定置管理的起点，它是对生产现场现有的加工方法、机器设备、工艺流程进行详细研究，确定工艺在技术水平上的先进性和经济上的合理性，分析是否需要和可能使用更先进的工艺手段及加工方法，从而确定生产现场产品制造的工艺路线和搬运路线。

A．定置管理设计   B．定置实施

C．定置考核   D．工艺研究

7．定置管理的考核的基本指标是（   ），它表明生产现场中必须定置的物品中已经实现定置的程度。

A．定置品数   B．定置率   C．定置时间   D．定置种类

8．（   ）是指企业为订购材料、商品而发生的成本，包括采购人员的工资、采购部门的一般经费和采购业务费。

A．采购成本   B．订货成本   C．存储成本   D．缺货成本

9．全面质量管理的工作方法为（   ），它是美国质量管理专家戴明首先提出来的，它反映了质量管理活动应遵循的科学程序。

A．PDCA 循环法   B．5W1H 法

C．SMART 原则   D．头脑风暴法

10．（   ）是一种用来查找影响产品质量的主要原因的定量方法，所依据的原理是关键的少数和次要的多数。

A．分层法   B．控制图法   C．因果图   D．排列图法

三、实训作业

分组调研企业的现场管理方式，了解企业是如何组织现场管理的，并且分别整理企业运用 5S 管理、定置管理、目视管理的具体方法，以 PPT 的形式汇报。

第7章
制造模式的创新

 ## 能力目标

了解互联网经济下的各类制造模式。

深刻体会互联网经济下制造业企业的变革。

 ## 知识目标

了解智能制造的背景与特征。

了解网络化制造的含义与网络化制造系统。

了解云制造的含义与作用。

了解个性化定制的基本概念。

 ## 本章知识框架

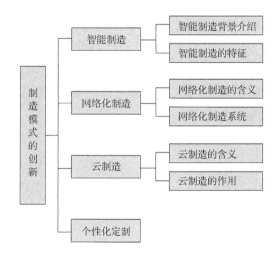

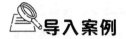

导入案例

海尔集团 COSMOPlat

一、平台介绍

海尔集团基于家电制造业的多年实践经验，推出工业互联网平台——COSMOPlat，如图 7-1 所示，形成以顾客为中心的大规模定制化生产模式，能实现需求实时响应、全程实时可视和资源无缝对接。

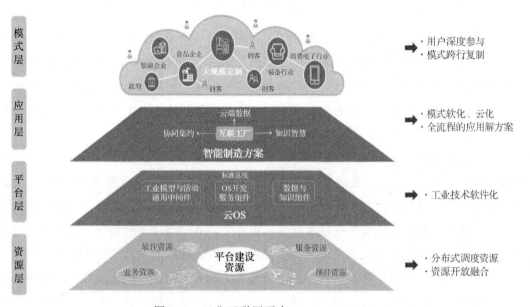

图 7-1 工业互联网平台——COSMOPlat

COSMOPlat 共分为 4 层。第一层是资源层，开放聚合全球资源，实现各类资源的分布式调度和最优匹配。第二层是平台层，支持工业应用的快速开发、部署、运行、集成，实现工业技术软件化。第三层是应用层，为企业提供具体互联工厂应用服务，形成全流程的应用解决方案。第四层是模式层，依托互联工厂应用服务实现模式创新和资源共享。

目前，COSMOPlat 已打通交互定制、开放研发、数字营销、模块采购、智能生产、智慧物流、智慧服务等业务环节。通过智能化系统，顾客可以持续、深度参与到产品的设计研发、生产制造、物流配送、迭代升级等环节，使自己的个性化定制需求得到满足。

二、平台应用案例

该案例基于海尔集团 COSMOPlat 的洗衣机的个性化定制功能。顾客结合自身经历，指出当前洗衣机产品中存在内桶清洗周期短、清洗难度大等使用问题，期望能够获得一款具备更优体验的新式产品。

基于 COSMOPlat，顾客的个性化制定需求在众创汇平台上进行了交互，有 990 万顾客、5 个设计资源参与新式产品的创意设计；创意立项之后，海尔集团借助开放平台引入 26 个外部专业团队，共同研发攻克技术难题；产品样机通过认证之后，海尔集团利用 26 个网络营销资源和 558 个商圈进行预约销售；顾客下单后，开启模块采购和智能制造，在 125 个模块商和 16 个制造商的参与下，产品按需定制、柔性生产；产品下线后，通过涵盖 9 万辆"车小微"和 18 万"服务兵"的智慧物流网络，及时送达顾客家中，并同步安装好。顾客在使用产品的过程中可通过社群在免清洗的基础上持续交互，又催生了净水洗、无水洗（筒间）系列产品。

试分析：

海尔集团采用了哪种创新的制造模式？这种制造模式的特点是什么？

互联网经济是信息网络化时代产生的一种崭新的经济现象。当前，互联网作为创新最活跃、赋能最显著、渗透最广阔的产业，正在通过"互联网+制造"延续已有的融合，加速向制造活动的各个环节渗透，驱动新产品、新应用、新市场与新业态的不断涌现，为制造业发展赋予网络化、服务化、个性化与智能化的新特征，推动制造业发生深刻变革，全面进入"互联网+制造"的新时代。

"互联网+制造"基于全面深度互联，将互联网开放、共享、协作和平等交互的理念贯穿于设计、生产、管理、服务等制造活动的各个环节。同时，"互联网+制造"以互联网平台模式与开放生态为基础，可以实现低成本数据计算和处理，能够将物理世界和网络空间结合在一起。这种智能化决策能够消除各个环节的信息不对称，实现资源的动态配置，从而可以打破体制、机制束缚，变革生产关系，推动制造业的转型升级。

面对个性化、多样化且瞬息万变的市场需求，在互联网经济的大背景下，我国的制造业同互联网不断深入融合，催生制造业新模式、不断涌现新业态。大部分制造业企业正加紧将新一代信息技术集成应用在生产执行过程中，逐步改变原有相对固化的生产线和生产体系，并着力打通企业间壁垒，探索智能制造、网络化制造、云制造、个性化定制等全新的生产制造模式。

7.1 智能制造

▶▶▶ 7.1.1 智能制造背景介绍

智能制造（Intelligent Manufacturing，IM）是制造业的重要发展方向，是一种由智能机器和人共同组成的人机一体化智能系统，它在制造过程中能进行智能活动，如分析、推理、判断、构思和决策等。智能制造通过人与智能机器的合作，可以扩大、延伸和部分地取代人在制造过程中的脑力劳动。它把制造自动化的概念更新、扩展到了柔性化、智能化和高度集成化等方面。

近年来，随着具有信息的深度自感知、智慧优化自决策、精准控制自执行等功能的智能制造模式的迅速发展，企业在其帮助下实现了增效、提质、降成本及节能减排的目标。在制造业领军企业的带动下，智能制造、智能工厂的实施与应用正在为传统制造业带来深刻的改变。智能制造目前的主要应用领域包括产品质检、智能自动化分拣、生产资源分配、优化生产过程、需求/销量预测等。

以海尔集团的智能互联工厂为例，海尔集团在沈阳的冰箱工厂将顾客需求与工厂进行无缝连接。其特点包括以下两点：一是定制化，将顾客的个性化需求信息直接发送到工厂内部生产线的相应工位上；二是可视化，生产线上的上万个传感器可实现产品、设备、顾客之间的对话与沟通，顾客可随时查到自己订购的冰箱在生产线上的位置。

根据《世界智能制造中心发展趋势报告（2020）》（以下简称《报告》）的数据，我国在智能制造领域展现出强大的活力，预计 2021 年产值规模将达到 22 650 亿元，我国工业机器人消费连续六年稳居全球第一。《报告》指出，我国为了推动智能制造发展，国家层面批准的国家级智能制造类试点项目共 816 个，地方层面兴建的智能制造类产业园区共 537 家，这些试点项目和园区承载了中国智能制造产业的发展，也成了城市智能制造产业发展的象征。我国的"智能制造产业带"（简称"智带"）正在初步形成。从分布特点来说，基本上所有的智能制造类产业园区都分布在"胡焕庸线"（黑河—腾冲一线）以东的地区。智能制造类产业园区分布呈现出两条纵贯南北的产业带，连接了经济较为发达地区的重要制造业城市。中部产业带以"北京—天津—济南—郑州—武汉—长沙—广州—佛山—深圳"为主，东南沿海产业带则以"连云港—盐城—合肥—南京—苏州—上海—杭州—宁波—莆田—厦门—汕头—深圳"为主。其中，智能制造类产业园区数量超过 10 家的城市达到 15 个，这些城市成为中国"智带"的核心城市，也将成为未来我国智能制造领域的"排头兵"。

>>> 7.1.2　智能制造的特征

智能制造和传统的制造相比，具有以下特征。

1.　自律能力

自律能力，即搜集与理解环境信息和自身的信息，并对其进行分析判断和规划自身行为的能力。具有自律能力的设备称为"智能机器"，"智能机器"在一定程度上表现出独立性、自主性和个性，甚至相互间还能协调运作与竞争。强有力的知识库和基于知识的模型是形成自律能力的基础。

2.　人机一体化

智能制造系统（Intelligent Manufacturing System，IMS）不单纯是"人工智能"系统，而是人机一体化智能系统，是一种混合智能系统。基于人工智能的智能机器只能进行机械式的推理、预测、判断，它只具有逻辑思维（专家系统），最多具有形象思维（神经网络），而不能具有灵感（顿悟）思维，只有人类才能真正同时具备以上 3 种思维。因此，以人工智能全面取代制造过程中人类的智能，使其独自承担起分析、判断、决策等任务是不现实的。人机一体化突出了人在制造系统中的核心地位，同时在智能机器的配合下，能更好地发挥出人的潜能，使人机之间表现出一种平等共事、相互理解、相互协作的关系，使二者在不同的层次上各显其能，相辅相成。因此，在智能制造系统中，高素质、高智能的人将发挥更好的作用，机器的智能和人的智能将能真正地集成在一起，互相配合，相得益彰。

3. 虚拟现实技术

虚拟现实（Virtual Reality，VR）技术是实现虚拟制造的支持技术，也是实现高水平人机一体化的关键技术之一。虚拟现实技术以计算机为基础，融合信号处理、动画技术、智能推理、预测、仿真和多媒体技术为一体，借助各种音像和传感装置，虚拟展示现实生活中的各种过程、物品等，因而虚拟现实技术也能模拟制造过程和未来的产品，从感官和视觉上使人获得接近真实的感受。其特点是可以按照人们的意愿任意变化，这种人机结合的新一代智能界面，是智能制造的一个显著特征。

4. 自组织超柔性

智能制造系统中的各组成单元能够依据工作任务的需要，自行组成一种最佳结构，其柔性不仅突出在运行方式上，而且突出在结构形式上，所以称这种柔性为超柔性，这使得智能制造系统如同一群人类组成的群体，具有生物特征。

5. 学习与维护

智能制造系统能够在实践中不断地充实知识库，具有自学习功能。同时，在运行过程中，智能制造系统可以自行诊断故障，并具备对故障进行自行排除、自行维护的能力。这种特征使智能制造系统能够自我优化并适应各种复杂的环境。

我国的智能制造正在不断发展，以资源共享为基础的协同化组织正在广泛应用，以满足个性化需求为导向的定制化生产正在平稳发展，以提升顾客体验为目标的服务化延伸正在快速普及，以激发新动能为特征的平台化运营的成效初显。

7.2 网络化制造

>>> 7.2.1 网络化制造的含义

网络化制造是指企业通过采用先进的网络技术、制造技术及其他相关技术，构建面向企业特定需求的基于网络的制造系统，并在该系统的支持下，突破空间对企业生产经营范围和方式的约束，开展覆盖产品整个生命周期的全部或部分环节的业务活动，包括产品设计、制造、销售、采购、管理等，实现企业间的协同和各种社会资源的共享与集成，以高速度、高质量、低成本地为市场提供所需的产品和服务。

网络化制造充分激发了扁平化生产组织的活力。企业利用互联网平台构建跨地区的动态企业联合体成为现实，网络化制造不仅能帮助企业有效实现设计、制造资源的共享协同和优化配置，还有助于提升企业的快速反应能力和竞争能力。

▶▶▶ 7.2.2　网络化制造系统

网络化制造系统是指企业在网络化制造思想、相关理论和方法的指导下，在网络化制造集成平台和软件工具的支持下，结合企业具体的业务需求，设计实施的基于网络的制造系统。网络化制造系统的体系结构是描述网络化制造系统的一组模型的集合，这些模型描述了网络化制造系统的功能结构、特性和运行方式。

网络化制造系统结构的优化有利于企业更加深入地分析和描述网络化制造系统的本质特征，并基于所建立的系统模型进行网络化制造系统的设计实施、系统改进和优化运行。通过对当前制造业发展现状的分析，现代制造业企业的组织状态包括以下几种：独立企业、企业集团、制造行业、制造区域和动态联盟等。针对不同组织状态，常见的网络化制造系统模式包括面向独立企业、面向企业集团、面向制造行业、面向制造区域和面向动态联盟的网络化制造系统 5 种模式。

目前，随着我国 5G 技术的发展，云计算、大数据、物联网等信息通信技术也日渐成熟与强大，利用互联网平台构建跨地区的动态企业联合体成为现实，这不仅能帮助企业有效实现设计、制造资源的共享协同和优化配置，还有助于提升企业的快速反应能力和竞争能力。对于大型企业来说，网络化制造能使其组织结构更加扁平化，使企业得以通过更灵活、更有效率的方式集聚资源，提升竞争力；中小企业则可以在网络协同过程中找到与龙头企业合作的机会，充分发挥自身的优势。

7.3　云制造

▶▶▶ 7.3.1　云制造的含义

云制造是在"制造即服务"理念的基础上，借鉴云计算思想发展起来的一个新概念。云制造是先进的信息技术、制造技术和新兴物联网技术等交叉融合的产品，是对"制造即服务"理念的体现。采取包括云计算在内的当代信息技术的前沿理念，制造业可以在广泛的网络资源环境下，为顾客提供高附加值、低成本和全球化制造的服务。

云制造的外延比智能制造更宽泛。智能制造的概念主要适用于制造领域，而云制造是大制造的概念，它突破了制造领域，从制造、销售领域延伸拓展到使用、服务等领域，形成了工业云，如图 7-2 所示。

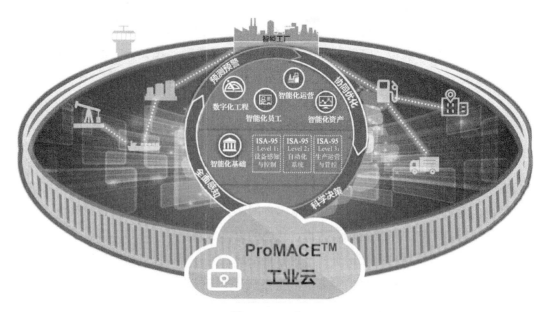

图 7-2 工业云

云制造包括企业内部"私有云"应用和企业外部"公有云"协同两种模式。在一个大型企业内部，各种与企业运作有关的资源，如设计、仿真、设备等，均可以利用云制造实现共享，避免或减少重复投资。云制造模式也正在推动中小企业间的制造资源共享。目前，我国已涌现出一批云制造服务平台。例如，在天智网云制造平台上，遍布全国 31个省、自治区、直辖市的超过 2 万家企业可以在线上实现企业的实时对接，快速共享生产资源；宝信软件打造的"上海工业云公共服务平台"，汇集了汽车、民用航空、钢铁等领域上百类制造资源，为企业提供云设计、云仿真、云制造等服务；数码大方的"工业软件云服务平台"为 3 万多家制造业企业提供软件租用、设计、制造等服务。

云制造系统中的顾客角色主要有 3 种，即资源提供者、制造云运营者、资源使用者。资源提供者通过对产品全生命周期过程中的制造资源和制造能力进行感知、虚拟化接入，以服务的形式将其提供给第三方运营平台（制造云运营者）；制造云运营者主要实现对云服务的高效管理、运营等，可根据资源使用者的应用请求，动态、灵活地为资源使用者提供服务；资源使用者能够在第三方运营平台的支持下，动态按需地使用各类应用服务，并能实现多主体的协同交互。在制造云的运行过程中，知识起着核心支撑作用，知识不仅能够为制造资源和制造能力的虚拟化接入和服务化封装提供支持，还能为实现基于云服务的高效管理和智能查找等功能提供支持。

▶▶▶ 7.3.2 云制造的作用

云制造可以高效聚集和配置制造资源。云制造借助云计算的理念，通过建立共享制造资源的服务平台，形成一个巨大的制造资源池，使处于制造业中的顾客像用水、电、煤气一样便捷地使用各种制造资源，以帮助制造业企业降低运行成本、提升快速反应能力。在理想情况下，云制造将实现产品开发、生产、销售、使用等全生命周期相关资源的整合，提供标准、规范、可共享的服务。

1. 促进资源整合

在资源整合方面，云制造能够将分散的制造资源（如软件、数据、计算、加工、检测等）集中起来，形成逻辑上统一的资源整体，提高资源利用率，进而突破单一资源的能力极限。

2. 促进产业融合

云制造能够促进产业融合，特别是促进制造业与服务业融合，进一步延伸产业链。云制造依托互联网、物联网、云平台等，有利于企业了解产品的销售和使用情况，了解顾客对产品的满意度；有利于企业根据顾客的意愿和需求对产品的结构、功能等进行调整，并提供及时、到位的服务，从而促进生产与市场、生产与消费的有效对接。

3. 促进个性化定制

云制造能够实现个性化定制生产。传统生产模式是企业根据市场调研结果决定生产的产品品种和数量，产品经过商业渠道到达顾客手中。电子商务则消除了企业与顾客之间的沟通障碍、时空障碍、交易障碍，使得顾客到企业（Customer to Business，C2B）模式可以代替企业到顾客（Business to Customer，B2C）模式。在云制造中，企业可以大数据平台为基础、以柔性化生产为依托，根据顾客需求进行个性化定制生产。

7.4 个性化定制

随着社会生产力和科技水平的不断提高，以及互联网的普及，消费需求正日益呈现个性化和多元化的趋势，传统的标准化、大批生产方式受到了前所未有的挑战。企业运用互联网、移动互联网等实现与顾客的连接，进而打造顾客聚合平台、多元社交平台，通过对顾客行为和社交关系等大数据进行分析，精准预判市场、开展精准营销，借助平台的集聚和交互功能实现海量顾客与企业间的交互对接，使大规模个性化定制、精准决策等成为可能。传统的渠道单一、封闭运行、单向流动的企业顾客关系被打破，旧有的需求定位粗略、市场反馈滞后等问题得到解决。

在传统大规模生产模式下，企业与顾客间信息交互不充分、企业内生产组织缺乏柔性，企业依靠规模经济进行生产是主流模式。然而，随着互联网平台的发展，企业可与顾客深度交互、广泛征集需求，运用大数据分析建立排产模型，从而得以依托柔性生产线，在保持规模经济性的同时为顾客提供个性化的产品。传统的大规模生产模式与个性化定制模式的对比如图 7-3 所示。

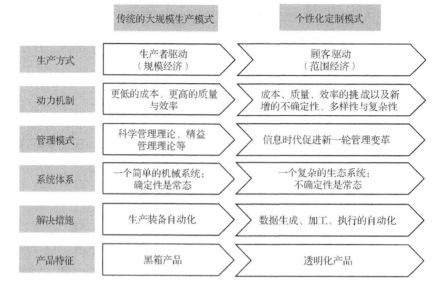

图 7-3 传统的大规模生产模式与个性化定制模式的对比

目前，服装、家电、家居等领域已开启个性化定制。未来，随着互联网技术和制造技术的发展成熟，柔性大规模个性化生产线将逐步普及，按需生产、大规模个性化定制将成为常态。个性化定制现有的典型应用如表 7-1 所示。

表 7-1　个性化定制现有的典型应用

行业	代表企业	创新成果
服装	红领集团	建立了包括 20 个子系统的平台数据化运营系统，其中大数据处理系统已拥有超过 1 000 万亿种设计组合，超过 100 万亿种款式组合
家电	海尔（冰箱）	一条生产线可支持 500 多个型号的柔性大规模定制生产，生产节拍缩短到 10 秒/台，是全国冰箱行业生产节拍最快、承接型号最多的工厂
家居	美克家居	通过模块化产品设计、智能制造技术、智能物流系统、自动化技术、IT 技术的应用实现制造系统的智能集成，从而支持柔性大规模个性化定制生产的实现

▼ 本章小结

目前，我国制造业亟待通过互联网、大数据、云计算、人工智能与制造业的深度融合，推进"制造大国"向"制造强国"转变，迎接新工业革命历史性机遇。因此，在互联网经济下制造模式发生了深刻的变化。

本章主要介绍了基于此背景下的常见的制造新模式，包括智能制造、网络化制造、云制造及个性化定制。制造模式的创新，正是由于制造业与互联网的不断融合，这背后折射的不仅是生产组织方式的变革，更是新一轮科技革命下企业从生产到销售的根本性转变，数字化、网络化和智能化转型正在成为企业未来竞争的核心。

一、名词解释

1. 智能制造

2. 网络化制造

3. 网络化制造系统

4. 云制造

二、单项选择题

1. （　　）即搜集与理解环境信息和自身的信息，并对其进行分析判断和规划自身行为的能力。

　　A. 自律能力　　B. 人机一体化　　C. 虚拟现实技术　D. 自组织超柔性

2. （　　）以计算机为基础，融合信号处理、动画技术、智能推理、预测、仿真和多媒体技术为一体，借助各种音像和传感装置，模拟展示现实生活中的各种过程、物品。

　　A. 自律能力　　B. 人机一体化　　C. 虚拟现实技术　D. 自组织超柔性

3. 智能制造的概念主要适用于制造领域，而（　　）是大制造的概念，它突破了制造领域，从制造、销售领域延伸拓展到使用、服务等领域。

　　A. 网络化制造　B. 云制造　　　　C. 个性化定制　　　D. 工业物联网

4. （　　）依托互联网、物联网、云平台等，有利于企业了解产品的销售和使用情况，了解顾客对产品的满意度。

　　A. 网络化制造　B. 云制造　　　　C. 个性化定制　　　D. 工业物联网

5. 在传统大规模生产模式下，企业与顾客间信息交互不充分、企业内生产组织缺乏柔性，企业依靠（　　）进行生产是主流模式。

　　A. 网络化制造　B. 云制造　　　　C. 规模经济　　　　D. 范围经济

6. 面对个性化、多样化且瞬息万变的市场需求，在（　　）的大背景下，我国的制造业同互联网不断深入融合，催生制造业新模式、不断涌现新业态。

　　A. 互联网经济　B. 顾客需求多样化C. 网络时代　　　　D. 物联网

三、实训作业

分组调查基于互联网经济背景下，某一现有企业的制造模式是如何转变的，以及这种转变为该企业带来的成果，以 PPT 的形式汇报。